2010春・百家講藝

妊紫嫣紅開遍，不再付與斷井頹垣；良辰美景、賞心樂事集於
春季。不到園裡，怎知春色如許、知音多少？

李栩鈺、林宗毅 主編

序

振「藝」揚翅，做孩子生命中的貴人

　　志於道、依於仁、據於德、游於藝，本校翔思游藝社從1994年成立至今，除了默默推廣校內藝文活動，並曾辦過《藝見》月刊。為了留下歷史見證，2009年更擴大舉行，邀請校內外專家學者、傑出校友，為嶺東的孩子分享他們的教學心得、人生哲思等，這是一場場精彩的盛宴，為了讓大家的心血結晶不付諸流水，特別集結成書，兼饗向隅的社會大眾，正面提昇嶺東科技大學的人文教育精神，敝人很高興能為之作序。

　　《藝談》、《講藝》、《藝見》、《藝游未竟》與《藝視型態》都再現諸子百家、馳騁縱談的輝煌時期，議題包羅萬象，主講者淋漓暢言、求知的聽者欲罷不能，相信風簷展書讀的朋友，也能悅讀沉醉東風中。「掌聲」屬於過去，「榮譽」期待更多人繼續耕耘，祝福大家都能在這畝園地見到繁花美果，百年樹人，長長久久！

嶺東科技大學校長　陳振貴

目　　次

設計創藝

符逸群

嶺東科技大學視覺傳達設計系所助理教授兼系主任所長，University of Dundee Design school，Duncan of Jordanstone College 博士。學術專長：企業識別設計、產品品牌規劃、平面設計、廣告設計、海報設計、漢字造型。

　　進行講座前，首先問你們一個問題：「有那兩種人是沒有慾望的？」有人回答：和尚、死人、植物人、傻瓜……事實上，答案是：死人和未出生的嬰兒。打從一出生，人就有慾望，例如肚子餓了要哭而引起父母的注意，才有東西可吃等，而達到其目的。

　　在設計這個領域來說，本能固然重要，但是透過從小到大的教育，有可能本能會被遺忘，其原因是隨著年紀增長而影響改變了審美觀以及其他的行為表現等等。這樣子的發展對孩子來說，也許在做一件事時因受環境約束而變得礙手礙腳，尤其受到台灣教育環境下的社會制約，可能沒辦法表現自己。當我們看國外的作品，為何國外與台灣的作品表現有如此差異？這就是後天環境對我們設計者造成的影響。

　　回到「慾望」的部份，為何設計者這個行業透過作品會有許多慾望的表現？也許是作者本身的慾望，也許是廠商的要求等

等。當人類沒有文字時，人們只能靠口語的方式代代相傳，我們要如何紀錄？舉個例子來說，我們有本土的台灣話，若今天是用台語來說，是否又有另一套紀錄與表達台語的方式呢？因此，我們的老祖宗在未開始文字時代時，就發明了記號，透過他們的眼睛，去把他們看到的東西記下來，這就是我們漢字的起源。設計的來源，也就是從一開始的需要繼續延伸下來的。

回到現今時代，設計師在做作品時，大多數配合的是客戶所需求的，商品生產出來就是要販賣，這是設計師掌握設計重要的一環。例如：如何包裝、美觀使產品大賣。所以所有的設計都是發生在「慾望」這個環節。有慾望，就自然而然的產生許多循環。

在座同學有些是視傳系的，所以想告訴你們，「設計就是生活、就是態度，關係到『慾望』。」我們需顧慮到設計師做出的作品，要思考到對象，什麼樣的人是會看到你的作品。有些設計師的作品，恐怕無法走出台灣市場。當然除了「宏碁」等電腦廠商，能夠藉由品牌來發行於海外。因此，我們首先考慮的設計作品，應該捨遠求近，而不是一直找國外的東西來套入設計裡。台灣是一個很小的範圍，可以從週遭生活中的東西取源，讓台灣有近百分之九十的人接收到你的訊息。對象真的很重要！好的設計師，只是把對的設計用對的方法表現。

為何要跟你們提到這方面呢？因為學生們會把「創意」想成一定要與眾不同，捨近求遠的方式，事實上，這個方法是許多學生的通病。近幾年台灣的文化創意產業一直扶升，許多設計師會去尋找原住民、客家人等台灣族群做為創作的來源。當你要開始著手進行設計時，你需要考慮到的問題有很多，你如何把台灣的東西與大陸這麼大的市場做區隔？大陸太強大了，與其你要去競爭，倒不如用抗衡的方式。例如大陸的明碁電腦，把清代的圖放在產品螢幕的後面做為一個特色，但這種

方式我們台灣也能夠用，在設計的領域無所謂「大陸市場強大」，獨樹一格最重要。

拿大陸與台灣的學生做比較，台灣的學生的優點是在會運用技巧，例如十張圖，台灣學生會只做出三張，另外七張交由電腦去做效果；而大陸的學生會用死腦筋把十張圖一張一張畫出來。從這一點看出大陸人是很用心的，而台灣人腦袋較活；然而就畫工來講，大陸人能夠實實在在的畫出十張來，而台灣人恐怕就不行了，這樣子一來大陸所受的技能教育是較紮實精密的。設計本來就是模仿，當我小時候在練書法時，因為我會以較隨性的方式寫書法，但是爺爺總叫我把字帖上的臨摹做好，不要沒學會走路就想要飛。所以學生們在做作品時，最好多多觀察而非抄襲，今天受限於台灣設計資源範圍較小，那就要多多學習別人的設計，看了人家的作品，要去思考其意義與價值所在。

因此就以上發表一個小小的結論，也就是：一、設計是滿足人類的慾望；二、設計不要捨近求遠，發生問題、解決問題；三、在學生這個階段，需多多觀察、思考，透過眼睛去看、腦袋思考、心去解讀，才能完成真正的設計。

現在講到畢業製作，你們畢業的門檻就是畢業製作，這幾年又請業界的人來指導，會很嚴格。而這幾年的畢業製作的通病，是學生們常常把離本身很遠的東西拿來大做文章，例如冰山、垃圾山等等，可是這些東西學生們連親眼皆無法目賭過實際情況，這個樣子是沒有說服力的，除非你是對這個東西充滿專業的知識，也就是考不倒，才能夠說服與感動別人。

舉個例子來說，我曾經有件作品（圖一：國旗）被一位美國的老師稱讚過：「You can be famous」，我只是利用當時的國際時事，加上對熟悉的歷史而做新的創作。

所以，今天你的作品放上檯面，你是否能夠讓觀者接受到你的訊息？當我們在做作品時，必須思考別人是否能夠接受、

解讀出你的作品，千萬不要拿自己的語言去表現出自己的創作，這是現今設計師最忌諱的。

我不知道今天所講的是否能讓你們這群大一的新生了解多少，但是至少能夠聽完這些話，讓各位在未來的設計領域上更加成功。

當然不止在設計的領域上，在做人處世上也是。若一個設計師能夠在設計上多多觀察出色的作品，那麼，為何仍是抱怨「懷才不遇」呢?其實同樣的心態是可以運用到設計以外的層面的。基本上，一個設計師若只會埋頭做設計，跟很會做人的另一個設計師相較，是那一種人會成功呢?這個問題留給你們慢慢去思考，若能將「設計」概念轉換成面對人生的不同層面，態度及謙虛是非常重要的!跟大家共勉之。

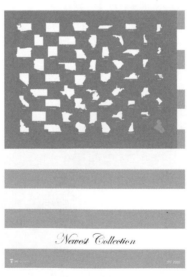

圖一：國旗

給我廣告，其餘免談？
——淺析廣告倫理

張露心

嶺東科技大學視覺傳達設計系助理教授；2006/9迄今，世新大學傳播研究所博士班進修，1991.9-1992.12 Michigan State University（USA）廣告研究所碩士。學術專長與研究興趣：廣告學、行銷學、創意思考與企畫、創意文案寫作、整合行銷傳播學。

一、消費有理，創意無罪？

　　光陽機車推出的「彎道情人」機車廣告，因內容涉及對於機車的不良示範，而受到懲處。根據「國家通訊傳播委員會」（NCC）指出，該片播出後有許多家長陳情，認為片中男女主角違反諸多交通規則，把包包丟到橋下更是危險動作（聯合新聞網），因而遭NCC限定只能在「夜間九時到清晨六時」播放。消息一傳出，引起不少網友反彈，而統籌該廣告的智威湯遜廣告總監Allen相當不滿，認為NCC嚴重干涉了廣告內容與創作自由。

　　廣告的角色一向備受爭議，其原始目的在於告知和創造物

質需求以刺激產品銷售量，並藉此獲得更多利潤。然而廣告活動的影響遠比當初的創始動機更為複雜深遠，廣告人主導了大眾媒介的論述形式，影響閱聽人的價值觀對於事物的認同感，他甚至與媒體的視覺影像特色相結合，為閱聽人建構了一套觀看世界的方法（孫秀蕙等，1995）廣告在創意內容部分發揮的空間相當大，傳遞同樣的訊息就有可種不同的切入面。因此，廣告創意人員為突破消費者的知覺門檻，以引發對廣告注意與興趣，往往會在訊息的表意方式上挑戰傳統，尋求創新；但也因而衝撞與挑戰社會既定道德規範與價值觀。因此，廣告創意人員高舉自由的大旗，吶喊著「給我廣告，其餘免談」的同時，是否可以無線上綱而處於道德真空狀態？究竟創意與言論管制之間的衝突該如何規範、解決？此種創意表意自由與社會價值衝撞的灰色地帶，也正是廣告倫理介入的關鍵。

　　何謂倫理？Sanders（2003）指出倫理又稱道德哲學，主要涉及思考吾人必須及該如何生活的問題。倫理以最廣泛的概念而言，可看作是研究人類行為是非對錯之基底和原則。因此倫理聚焦在是非標準，以及不同價值或原則相互抵觸的討論及爭議上。回顧倫理學研究取徑的發展，從強調個人德行為核心概念的「德行倫理學」、關注集體行為的「義務論」到強調「效用主義」的「結果論」，然而鍾啟惠（2006）指出當代倫理學最具創發意義的概念是有關「正義」的概念的提出。植基於John Rawls的「正義論」強調如果自由主義的前提是承認多元與包容，並從歧異中尋求共識，那麼社會正義原則，應該是多元主義可以接受的第一原則。如果過份彰顯多元價值則失去一統的價值，但若過度強調一統價值，則又形成絕對主流；因此強調過程本身的公平性與分配的公平性的正義論，應是對當前媒體的使用與社會目的最有啟發意義的倫理思考取徑。

二、廣告倫理何以可能？

　　廣告倫理不是對錯問題，或者應該說不是在法律上的對或錯；而是關乎動機與底線的問題。政府明文規定的廣告相關法規主要有：廣播電視法、廣播廣告製作規範、有線電視法、公平交易法等。自民國85年起，新聞局釋出電器類等七類商品廣告由無線電台業務部自行審核，一方面降低政府對於商業行為的涉入，同時也將審查不良廣告的責任歸屬從政府轉移到媒體，正符合全世界政府在廣告管制上「監督而不審查」的共同趨勢。Max Weber（引自鍾啟惠，2006）指出所有傳播均需考量執行上的意圖性、主觀性意義以及對它者的影響。這個觀點應用在廣告創意內容的管理上，正是倫理學得以切入的起點。廣告作為一種傳播形式，不僅有廣告主與廣告創意人員的個體表意的權力，閱聽眾作為接收一端也有均等表意自由權（Hamelink 2000，引自鍾啟惠）。

　　通傳政策的發展從早期管制化到去管制化，近年歐洲學者則透過「問責」（accountability）理論的提出以再管制「去管制化」下傳播政策的偏差。鍾啟惠（2006）指出「問責」是指電視媒體對某些行動的答覆與解釋，其意義接近「責任」（responsibility）；進一步來說，負責任與責任兩者間存在著因果關係，也就是「問責」是「責任」的操作手段，也是「責任」的後果實踐。McQuail（2003）指出「問責」實踐主要有三種形式，如表一所示。透過這三種問責實踐形式，正可以思考廣告作為一種文化傳遞的表徵時，如何在訊息的產製、商業利益、品牌形象建構與社會大眾福祉之間可以求取平衡的實踐規範。

表一　媒介問責實踐的主要形式

自主形式	第二層形式	第三層形式
與良心有關	與承諾有關	申訴程序
與他者想像有關	產製者與消費者的關係	合法的契約與承諾
專業主義	與規範目標有關	管制的責任
		社會是主體

資料來源：McQuail（2003，引自鍾啟惠）

　　透過第一種自主形式的問責，應將「廣告倫理」納入廣告相關科系的課程安排中。傳播相關科系的教學內容很大一部份是在教授技術知識與實務知識，然有關倫理的知識以自己的經驗為例，就是在大一廣告學課程中僅不到一頁的篇幅，輕輕帶過。而以培養廣告創意人員為主的設計相關科系，倫理知識的傳授則更往往付之闕如，但他們卻是廣告創意最重要的產製者。技術的養成必須透過責任與倫理來支撐，專業規範才能在個人身上內化。廣告雖然透過藝術形式呈現，但它不是藝術，而是具有「想像共同體」的行銷傳播，其目的在於銷售商品訊息，因此必須有所節制，遵守社會規範及社會責任。因此，所有廣告與設計相關科系都應強化廣告倫理知識的教授，使得創意的呈現得以有所規範。

　　而第二層的形式，則是媒體組織內的範疇，透過組織內部的控管互動達成問責實踐。此部分要落實到廣告的實踐上，目前廣告產業的規範不甚明確。因為廣告的創作是由廣告主委託廣告代理商製作設計，因此廣告作品的管理與歸屬就有兩方的產製者。就自己先前在廣告業界服務的經驗，公司內部並無類似的控管的機制，主要還是透過自主形式的專業主義成為第一道防線。因此，廣告倫理在組織內部的落實可以透過企業倫理的規範加以落實。2001年時，廣告代理商及專家學者等推動成

立「台灣廣告主協會」（TAA），成立宗旨主要有維護會員在廣告事務之共同利益、修改廣告法以建立廣告市場秩序以及督促媒體維護社會善良風俗等。TAA的成立主要是作為監督媒體環境及與企業利益的集結立足點出發，其功能偏向於媒介問責的第三層形式。未來在廣告倫理的自我要求上也應納入，作為TAA成員自律的規範。

此外，國家通訊傳播委員會（NCC）為擴大公民參與及廣納社會多元觀點，特設廣播電視節目廣告諮詢會議。NCC強調，為擴大公民參與及廣納社會多元觀點，並尊重媒體編輯採訪自主之立場，特別遴聘社會公正人士、學者及專家組成「廣播電視節目廣告諮詢會議」，就違規節目與廣告案件提出諮詢意見，力求意見多元及客觀專業審議。經NCC統計，95年度裁處違規案件計326件，處罰金額逾新台幣7,200萬元，NCC並籲請業者加強內部的自律管控，提升廣電節目品質。因此，社會輿論與閱聽眾監督對於廣告主與廣告公司有更直接而具體的影響，而且可以更具體實踐有效的問責。

三、廣告人的自我救贖

2007年時，中國以生產和經營休閒服飾為主的森馬集團，因一則休閒服裝宣傳廣告：「我管不了全球變暖，但至少我好看！」而引發消費者的反彈。當全球變暖成為困擾當今世界的一大難題時，森馬的廣告訴求可能會誤導大眾「這無疑會引起公眾的質疑。」中國社科院可持續發展研究中心副研究員莊貴陽表示，森馬的廣告是對公眾的一種誤導，它在誤導公眾放棄拯救全球變暖。一名叫子恢的網友說，作為一個經營公眾消費品的公司，公然宣揚全球變暖與我無關論，是一種沒有社會責任感的表現。廣告大師奧格威曾說：「消費者不是低能兒，她

是你的妻子，別侮辱她的智商。不要推出一個你不願意你的家人看到的廣告。」因此，創意固然是廣告的靈魂，但它也是一把雙刃劍，能累積品牌資產，也可能帶來詆毀的效果。面對日益激烈的市場競爭，一個具有遠見與企業倫理的廣告主，必須在廣告行銷手段、品質制勝上重視與消費者的關係，也更應該成為負責任社會責任。

　　廣告行為屬於社會行為，社會行為規範適用於廣告行為，而社會倫理規範廣告倫理。因此，廣告倫理的本質是廣告道德，它服膺於整個社會的倫理。消費社會背景中的廣告已然變身為鼓動物質主義的的火車頭，不斷為大眾製造新的欲望需要。因此，廣告創意的自我救贖之道不僅是今天廣告人必須承擔的社會責任，廣告倫理的教育更是當務之急；強調公共傳播的「後果論」之倫理思維，使得廣告創意得以符合社會利益，而又得以在推動產品銷售和品牌成長的企業目標之間出現協商空間。

參考書目

劉美琪等（2000）。當代廣告概念與操作。台北：學富。

孫秀蕙，馮建三（1995）。廣告文化。台北：揚智

大衛・奧格威（David Ogilvy）（民97）。一個廣告人的自白（林樺譯）。中信出版社。

http：//udn.com/NEWS/NATIONAL/NAT5/4649097.shtml，聯合新聞網，「彎道情人」廣告暴紅NCC限夜間播（聯合報記者陳俍任）

http：//env.people.com.cn/BIG5/6226282.html，中國人民網，公然宣揚全球變暖與我無關廣告引「80後」聲討

鍾起惠（2006）。〈負責任電視：媒介倫理學的實踐性論述〉，收錄在成露茜、黃鈴媚主編《傳播研究的傳承與創新》，頁109-126，台北：世新大學出版中心。

Sanders, K. (2003). Ethics & Journalism. London: Sage.

年輕族群選購手機的決策觀與美感態度之調查研究

陳俞均

嶺東科技大學視覺傳達設計系助理教授，國立臺灣師範大學美術研究所碩士。學術專長：視覺藝術創作、視覺藝術教育。

一、前言

　　當今，正處於媒體蓬勃發展的時代裡，資訊帶給人們流行的訊息，也拉近了人與人之間的距離，更助長不少流行商品的蓬勃發展。如：手機的成長速度，即令人咋舌稱奇，不知是需要？還是為了炫耀？基於此，本文旨在了解時下年輕族群對手機選購的決策觀與美感態度，到底取決於何種條件？希望藉此探討能對其有更深刻的體認，並且也期許能做為將來手機研發之參考。

　　本研究既設定為年輕族群，在年齡的界定上，將以15~25歲為研究的對象，研究方式採取樣方式進行調查，所得樣本合計為196份，剔除填答不全者，可用樣本為189份。而在研究範圍方面，因流行商品種類繁多，乃顧及蒐集資料方便，故特別選定年輕族群所喜愛的手機來做為本文的研究範圍。

二、實施過程

　　本研究主要採用問卷調查法，問卷題目乃研究者參考有關研究編擬而成。透過76位年輕族群的預試，以社會科學統計套裝軟體「SPSS for Windows 10.0」進行各項統計分析，去除信度過低的題目修改完成。題目類分二部分：第一部分是在探討年輕族群有關選購手機之決策態度。共計十七題，編排方式與內容概述如下：1-3題主要在探討對流行商品的美感態度；4-7題探討對手機的一般態度；8-15題探討選購手機的決策態度；16-17題則探討擁有新手機後的美感態度。答案中的陳述句依次為「很同意」、「同意」、「沒意見」、「不同意」、「很不同意」分別採用Likert-type五點量表的計分方式，以5、4、3、2、1表示，進行統計分析。第二部分是在探討年輕族群心目中認為美的手機應具備何種條件？合計有二十個答案選項，以圈選並可複選的方式進行，有圈選的答案以1表示，沒圈選的答案以0表示，再進行人數與百分比的統計分析。

三、研究結果與討論

（一）年輕族群選購手機決策態度分析結果如下

　　表1-1中可發現過半數（57.7%）的人逛百貨公司的目的是為了觀賞美的商品。而有72.5%的人會特別注意到廣告媒體中流行商品的廣告。此外，有四成多（43.4%）的人會很注意手機的訊息。

表1-1　對流行商品的美感態度

題數	內容	同意以上人數及百分比	
		人數	百分比
1	平日我逛百貨公司的目的是為了觀賞美的商品	109	57.5
2	在廣告媒體當中，我會特別注意流行商品的廣告	137	72.5
3	在流行商品廣告中，我很注意手機的訊息	82	43.4

　　表1-2中發現有一成左右（10.6%）的人，若有新手機廣告會急於擁有它。有12.7%的人目前擁有二支以上的手機，並且平均每年更換一支手機的人也占了12.7%。而約一成半（16.9%）的人，更換手機的原因是因為它不流行。

題數	內容	同意以上人數及百分比	
		人數	百分比
4	若有新的手機廣告，我會急於擁有它	20	10.6
5	目前我擁有二支以上的手機	24	12.7
6	我經常更換手機（平均一年更換一支）	24	12.7
7	我更換手機原因，是因為不流行	32	16.9

　　表1-3中主要探討年輕族群選購手機的決策態度，有近九成的人會很在意它的功能性（89.4%）與外觀造型（88.9%）。而約有八成半（85.7%）的人會很在意它的價格。另外，83.1%的

人與84.1%的人會在意它的外觀圖案設計與外觀色彩。然而，會
很在意品牌與特殊聲光裝備的人，所占的百分比顯然就較少了。

表1-3　選購手機的決策態度

題數	內容	同意以上人數及百分比	
		人數	百分比
8	選購手機時， 我會很在意它的品牌	92	48.7
9	選購手機時， 我會很在意它的功用	169	89.4
10	選購手機時， 我會很在意它的價格	162	85.7
11	選購手機時， 我會很在意它的大小	148	78.3
12	選購手機時， 我會很在意它的外觀造型	168	88.9
13	選購手機時， 我會很在意它的外觀圖案設計	157	83.1
14	選購手機時， 我會很在意它的外觀色彩	159	84.1
15	選購手機時， 我會很在意它特殊聲光的裝備	111	58.1

　　表1-4主要探討年輕族群擁有新手機的美感態度，有76.2%
的人擁有新手機時，會如獲至寶的珍愛它。而約佔一半強
（53.4%）的人擁有新手機時，會經常觀賞它且心中有很大的滿
足感。

表1-4　擁有新手機的美感態度

題數	內容	同意以上人數及百分比	
		人數	百分比
16	當我擁有新手機時，我會如獲至寶的珍愛它	144	76.2
17	當我擁有新手機時，我會經常觀賞它，且心中有很大的滿足感	101	53.4

（二）年輕族群心目中認為美的手機分析結果如下

　　由表2中可發現，有八成以上的年輕族群認為美的手機應具備有輕巧型（87.2%）、多功能（84.2%）及收訊極佳（83.2%）的條件。而85.2%的人則將美的手機建立在自己喜愛的條件上。另外，約七成半的人認為操作方便（76.5%）與實用性（75.5%）也是必備條件。六成半左右（65.8%）的人則認為低價位亦是需要的條件。在色彩方面，則有近五成（48.5%）的人，認為美的手機應以柔和色呈現。而僅不到一成的人選擇高價位（5.6%）及卡通圖案（8.7%）。

表2　美的手機具備條件分配表

名稱	人數（人）	百分比（%）
低價位	129	65.8*
螢光色	26	13.3
多功能	165	84.2*
流行款式	84	42.9
知名品牌	50	25.5
高價位	11	5.6

柔和色	95	48.5
收訊極佳	163	83.2*
操作方便	150	76.5*
奇特造型	38	19.4
輕巧型	171	87.2*
鮮豔色	30	15.3
特殊聲光	78	39.8
寫真圖片	36	18.4
卡通圖案	19	9.7
超酷	33	16.8
超炫	48	24.5
實用性	148	75.5*
特殊材質	40	20.4
自己喜愛	167	85.2*

四、結論

　　由本研究結果顯示，絕大多數的人在看廣告時，會把目光集中在流行商品的廣告，其中就有四成多的人很注意手機的訊息。而15~25歲大部分正值求學年齡，就有一成多的人是擁有二支以上的手機，以及平均每年更換一支手機的，並且更換的原因是因為不流行。唉！這難道就是年輕族群的消費型態嗎？曾幾何時，上一代的純樸與節儉，一切以機能至上的產品設計（一支手錶或一具電話要用上十餘年），卻難以再現！或許這就是本世紀人類的文化個性，在媒體與商業熱烈結合之下，心甘情願地成為消費市場中被獵殺的獵物。

　　再由本研究結果亦可窺知，大多數人在選購手機的決策上，還是著重於功能性與外觀的造型、色彩及圖案設計上。回想起最初行動電話是為了有別家用電話，讓使用者能無遠弗界，任意使用。但隨其普及率的增加，消費者將其焦點落在外觀及附加功能上，亦是想當然耳！至於價格的因素也成為其考慮的重點，如前所述，15~25歲正值求學階段，在有限的經濟條件下，要其自掏腰包購買一支價格不算便宜的手機，實屬不易之事！或許以合適的價位又能滿足自己的需求，乃成為其考慮的重點。

　　另外，文中也統計出多數人心目中美的手機應具備的主要條件依次為：

　　輕巧型＞自己喜愛＞多功能＞收訊極佳＞操作方便＞實用性＞低價位＞柔和色＞流行款式（以上所列均佔四成以上的百分比）。或許這一切的統計數字，可提供給將來手機研發者設計出更貼心、更人性化的產品，以因應不同類型的族群。

膽大「包」天
——談包裝設計

楊璧蓮

Yang Bih-Lian，嶺東科技大學視覺傳達設計系兼任講師，朝陽科技大學設計研究所碩士。任教科目：包裝設計實務（一）、紙器結構、包裝研究（一）、構成。

　　包裝最原始功能在於保護及收納物品，在工業革命後，大量生產以致成本降低，英美的商品市場逐漸由賣方市場轉為買方市場，大量消費，自動販賣增加，於是形成自我服務的方式，代替面對面之銷售，這乃是近代包裝的改變。超市成立，服務業興起，引起包裝的觸動，商品交易改變，並慢慢減少了人力的浪費，戰後經濟繁榮，使得包裝成為促進銷售的媒體，促使一切商品皆講求包裝效果。現代人生活很難無視忽量販店、便利超商、超市的存在，美國包裝設計家契斯金曾說「包裝是一無言的推銷者」。人類有模仿的本能，為了將喜歡的東西佔為己有，從大自然尋找包裝的巧妙原理，珍藏自己的物品，產生了包裝的行為。藉著精巧的心思和技法，造就偉大的心意的表現，創造比原來產品更具意義和價值。現代包裝是工業化社會與都市型經濟生活中，用來使商品流通更加順暢的方法之一，有要求愈來愈高的傾向，也因此，會有愈來愈多的東

西，需更加用心去設計並加以包裝，除了設計精美實用新穎，更需呈現訊息識別功能。包裝的機能除了保護產品，辨識內容物等傳統功能外，還要積極的傳達品牌、商標、規格、警告、保證等功能，並具有展示魅力性、附加功能及促銷性。

一、包裝與視覺設計

設計者利用視覺元素圖像和文字及色彩，將訊息告知消費者或是說服消費者，引起消費者注意及興趣，產生購買的行為。設計師的主要任務之一就是在視覺上強化訊息、產品和服務、增強實質產品之價值。他們以迷人視覺傳達的設計來吸引潛在顧客接受並購買。有關包裝視覺設計，最重要的含圖文、色彩、材質、造形四大項，視覺設計的要素主要將產品介紹給消費者，讓消費者知曉、認識商品、對商品產生興趣、進而注意並引發購買動機，實際購買，促進銷售。

從消費者購物角度而言，選購商品時有人選擇華麗的商品，有人在乎價格，有人選擇包裝中規中矩，有人選擇看起來很簡單只有logo設計，有的喜歡特別的款式，色彩、材質或圖文。有人選擇日式風格，可從色彩、文字、圖像來呈現，有人選擇質感，有人選擇看起來感性溫馨，有人選擇理性的商品，標示清楚詳細，有人喜歡傳統復古感、有人喜歡新潮、未來、或專業感。

（一）包裝視覺設計之色彩要素

百年來，各國都對色彩運用研究均有深入的探討，色彩的機能漸為大家了解及重視。利用色彩的訊息傳達機能，可達快速視認、快速判讀、輕易判讀、輕易記憶。在21世紀電傳數位時代，色彩的影響無遠弗界滲透我們的生活，色彩的功能在包裝設計應用、除可提高視覺搜尋作業的效果，增強分類各飲料

包裝效果與風味，且色彩可提昇包裝設計的美感、價值感。由此可知，色彩對包裝而言，其重要性不可言喻。

（二）包裝視覺設計之材質要素

為展現創意的包裝，只有選擇合宜的材料，搭配加工技術，才能達到「適正包裝」的要求，飲料包裝常見的材質紙材、鋁箔、塑膠、玻璃、金屬等。

1. 紙材具有許多優點
   （1）紙類印刷容易，可達品質高的視覺效果，傳達較優質感。
   （2）紙規格很多及材質上有許多選擇機會，或可製作特別效果
   （3）大量印刷很方便
   （4）無公害，符合綠色環保設計，可回收再利用，輕便，拆封容易。
2. 塑膠：含PE、PP、PS、ABS、PVC、PVDC 等吹氣成型容器、射出成型容器、壓縮成型容器、真空成型容器、收縮成型容器。
3. 玻璃：含各型瓶類容器，，但現在玻璃飲料較少。
4. 金屬：含鐵、鋁箔、鋁罐、電鍍馬口鐵。

二、包裝設計與消費者行為

（一）考慮商品的組合

1. 必須考慮使用產品的方便與合理性。
2. 商品的組合要有吸引人的魅力。
3. 連接包裝對展示而言必須有較廣大的空間。

4.可和新產品、舊產品、贈品一起引發促銷購買慾。

（二）一般消費者決策過程

刺激變項——中介項——反應變項。某一刺激因人產生不同反應，由中介的變數來推論。購買後的行為滿足與不滿足都會影響下次購買行為，行銷人員宜了解消費者最終需求是什麼？消費者關心某產品的層度高低，會影響消費者廣告的注意力，可能主動的評價或被動的接受。行銷研究者應多注重低投入的產品，通常可利用廣告促銷，激發人們購買動機，對產品產生興趣，進而產生購買行為。例如飲料為低單價商品，通常買飲料為解渴，但有人為健康、選擇低糖低熱量，如茶飲料或黑咖啡；有人想運動後想儘快補充大量流失水份，就選擇運動飲料等。因此，研究者應對目標消費者做研究，了解影響消費者行為的各個特質。

三、包裝與行銷

在1920年前廣告、推銷以生產為導向。1920年後，兼顧消費者，滿足消費者，提供訊息給消費者為導向。對公司而言，為制定行銷標地先了解消費者行為。消費者行為是行銷學的基礎，須考慮消費者本身的需求。但為了滿足消費者，同時也產生了限制性，如過度包裝，有時為了美觀，但產生大量垃圾，臭氧層用盡，氣溫每年愈來愈怪，影響生態及整個社會層次，所以設計前要有環保意識。促銷方式與手法更日新月異，如開罐贈獎、刮刮樂、紅配綠、雙拉環、送黃金、送轎車、與電影結合、與休閒場所結合。

產品：有形產品有五種特徵，品質水準、功能特色、式樣、品牌名稱與包裝。為了發展各別產品品牌策略，行銷人員

需擬定各牌之命名決策，品牌命名可增加實質產品之價值，為重要產品策略。實體產品需配以包裝決策，以保護產品，並使具經濟性、便利性及促銷功能。實體產品需標示，以便辨識、分等、敘述和促銷。價格：魏啟林《行銷學精論》書中提及訂定基本價格六步驟：1選擇訂價目標；2確定需求；3估計成本；4分析競爭者價格和產品；5選擇訂價方法；6決定最後價格。一般依公司目標如公司求生存、利潤大、市場佔有率領先、和產品品質領先等決定價格目標。配銷通路：飲料外形及包裝愈來愈搞怪，飲料常常有新品出來，市售種類太多，惟有先引起注意，才能有萬綠叢中一點紅的排他效果，螢光色、全黑色、全紅、全黃的瓶身包裝設計、偶像相片等及促銷搭配贈品活動等。飲料的口感好喝與否，已不是絕對必要，有創意、具話題性能引起談論才能刺激消費者選購。如維他露Ha-P碳酸飲料就是採用造形曲線瓶配上鮮艷的螢光黃、桃紅等炫的色彩外表，受到年輕族群的喜愛。統一企業針對愈來愈大的族群網路族，所推出的龍族系列黑色的瓶子符合這目標消費群的胃口。促銷：不同飲料在不同通路間的銷售不同，就算同一種飲料，在不同通路的包裝銷售也不盡相同，其中，便利商店對飲料銷售有舉足輕重的地位。通常，消費者在便利商店對飲料較喜歡嘗試不同的新口味。

日常生活中，發現坊間推出超級棒棒糖，其實就是小時候吃的棒棒糖放大十幾倍，把15支棒棒糖集合一起做成一大綑，因為超乎預期，小東西放大，其包裝就顯得引人注意。如下圖。另外，最近在菜市場買菜時，看到令人會心一笑之景，商品是女用調整型內衣褲，卻由男性銷售員穿著商品，大剌剌的在人來人往的馬路邊販賣，男性的啤酒肚穿起女用調整型內衣褲，真是一大恐嚇型真實版廣告，觸目驚心，讓女人生怕不買身材便會隨之走樣，此是有趣的體驗，可是婆婆媽媽購買得起勁。

　　商品包裝設計可以從圖文、色彩、材質、造形等視覺部分令人產生印象，結合消費者行為及行銷的的運用，有的包裝具有獨特的故事，有故事才會令人感動，也許是當地特有材質，美感、工藝精神呈現，非大量工業複製結構，文化創意產業特色往往是限量的、達人、手工產生，賣情感，非功能，2006年起，商品具「幸福感」是一賣點，幸福的體驗能擁有幸福的生活，例如奧美廣告公司將小林順子生產的餅，原本成本一個5元的月餅，透過故事的敘事，最後一個月餅賣到125元，情感設計提昇產品附加價值。坊間也有將水泥袋回收，重新利用再設計的成功例子，台灣地小人稠，便利商店在台灣通路點最廣，非常值得包裝興趣者繼續研究。

參考文獻

龍冬陽著，商業包裝設計，檸檬黃文化事業，民國七十二年九月再版。
鄧成連著，現代商品包裝設計，北星圖書公司，民國八十一年九月。

原鄉新食尚
——以文化創意產業之食具設計為例

王愉嘉

嶺東科技大學視覺傳達設計所系專任講師，De Montfort
University工業設計研究所碩士，雲林科技大學設計研究所進修
博士班中。學術專長：圖學、廣告設計、包裝。

一、設計目標

1. 探索與創作：藉由自我探索，覺知生活進而發現問題與
   解決問題。 根植文化與設計創意，進而產生媒材與形
   式，展現台灣本土文化的新生活時尚。
2. 審美與思辨：透過商品與台灣文化的結合，提案文化型
   商品設計；辨明文化內涵與創意再造的特性與原則，提
   升生活文化素養。
3. 文化與理解：文化藝術的鑑賞與理解，擴展設計視野；
   觀察與洞悉不同類型生活型態增進尊重與了解，培養設
   計關懷。

二、何謂「原鄉食尚」？

原鄉──是屬於我們生長的土地所共有的心靈歸屬，是不會被取代的文化風格。

原鄉為什麼不會被取代？因為它是從文化脈絡、生活型態、風土人文裡，長時間累積出的經驗和知覺。無論歷史上經過多少次文化融合與技術突破，這些經驗都會在生活中、在陽光、空氣、水以及人情溫暖中發酵，重新醞釀出屬於我們當代與整體的文化型態，這就是我們所擁有的原鄉，永不會被取代也無可取代。

三、連結古今，原鄉新時尚

很多人可能會以為原鄉等於原住民的故鄉，其實這名詞是從鍾理和小說《原鄉人》而來。鍾理和是客家籍文學家，《原鄉人》提到「原鄉人的血液必須流歸原鄉才能停止沸騰」。原鄉是一種對故鄉思念的意象，每個人都有屬於自己的原鄉。

挖掘原鄉的深度後，我們可用時尚的手法重新展現。我們可從探索原鄉過程中，了解材料、工法、視覺上或文字上的溝通模式，然後再融入自己領悟的啟發與情感，融入新的美學詮釋，如此才能創造屬於自己的新時尚，具有美學深度的新時尚。原鄉的深度、時尚的高度，找到屬於你的原鄉時尚，創造自己的未來。

四、發展過程──面臨問題的取決

1.文化創意的概念和領域極為龐雜，該如何取捨？

文化創意並不是單一的概念 ，如何決定哪些文化創意的內容是重要的。

2. 傳統藝術和流行文化該如何取捨？如何平衡？

文化創意希望能運用創意來活化傳統藝術，但傳統藝術、精緻藝術、和流行藝術之間，該如何進行其內容選擇和比重分配？如何選擇才不致偏廢藝術 ？

五、原鄉主題延伸

和外國人談起台灣、描述台灣的種種，原鄉情感就此被喚起，「飲食」是最普遍的誘發事件。台灣小吃不但有名，也是維繫台灣意象的重要媒介。從你愛的小吃，連結到你愛的家鄉……。

因此，想尋找原鄉，第一步必須從愛這個地方開始，就像談戀愛一樣，希望多了解對方，希望彼此互相瞭解，希望能共創美好的未來等。

所以，我們藉由「飲食」來延伸製作主題。

六、製作概念

現代人生活步調快速，常忙碌事業壓縮其他時間，卻無形之中遺忘了健康的大事，暴飲暴食而造成許多隱疾的產生。

關心環保是我們最主要的議題。例如人類製造的大量廚餘，帶來了許多污染問題，我們應該重視和省思，設計出試著解決、落實環保的日常商品。

七、發想過程

專題命名——「數食尚」，我們根據「體內環保」的概念，延伸出可以計算食量多寡的餐具組——數（ㄕㄨˇ）食尚。

有一句名言說「忽略是一種背叛」。當今社會的趨勢，人們很少重視自己的食量，也有許多人不知道或懶得換算符合自己的食量，因為忽略所以導致吃進了多餘的食物，使得身體不僅沒有吸收到足夠的營養，還造成了負擔。

「數食尚」，針對人們各種不同的需求，以使用的便利與實用性為考量，符合時尚、兼具體內環保的健康觀念的功能。

同時增加消費者的生活時尚趣味；「數食尚」強調算盤中「詳細計算」的意象作為控制食量的依據，讓人們在忙碌之於也吃出健康、重視體內環保。

利用諧音命名的方法，數食尚即「屬時尚」，也將設計的時尚概念層次又更往上一層。

八、文化元素結合

算盤的「詳細計算」和「1：4的比例分配」；丁蘭尺（文公尺）上的「吉利文字」；中國五行的「五行色彩」；中國禪學的「清靜無為，順應自然」；元寶的「財富吉祥造型」，使商品兼具原鄉的傳統人文資產，保留古色古香的藝術氣息，傳遞時尚的美感。

1.算盤（abacus）

- 算盤的發明代表「部位記法」（positional notation）的出現。也就是用放在特定位置的石頭，表示特定的數字。

- 將算盤上珠及下珠的數量比例「1：4」，運用在盤子的分量比例及筷子造型比例上。
- 傳達出中國自古以來「仔細計算」的節儉美德，凡事深思熟慮、精打細算。

> Hint：算盤（Bead Frame Abacus），西元前三千年，設計者不明（中國人），材質有：木頭（wood）、金屬（metal）、珠子（beads）。

2.元寶（ingot）

- 元寶是狀如馬蹄型的金錠或銀錠；馬蹄型元寶的出現，是在明朝初年的事。
- 盤子的外型採用馬蹄型福氣的外型。

> Hint：古代戲曲、繪畫、年畫、財神像、吉慶飾物及博物館裡，元寶十分多見。

3.丁蘭尺／文公尺（ruler）

- 民俗的思想上一切的數字，都有其能量。
- 參考丁蘭尺上的「魯班測量」，擷取五項與單身貴族相關的吉利文字，將餐具做成一系列，每一套都各具意義。

> Hint：魯班，本名公輸般，因為「般」與「班」同音，是春秋戰國時代魯國人，所以稱之為魯班。他是歷史上有名的工匠，被喻為木匠的祖師。

4.五行（the five elements）

- 五行哲學認為世界是由這五行所構成的，它們的關係缺一不可，密不可分。
- 採用金、木、水、火、土 五行色彩，與丁蘭尺文字做結合，做成系列餐具。

5.禪 （zen）

- 清靜無為，順應自然乃老子有名的人生觀，與禪也有契合之處，是為「無」。
- 將「禪」概念運用在造型上簡約、自然的，沒有多餘的裝飾，沒有多餘的色彩；清新的流線造型，有如流水般的漣漪、盪漾，正符合儘管心上會生起漣漪，但心的本性是清淨的，就像是帶有些許漣漪的清水。事實上，水總是帶著漣漪的，漣漪就是水的修行的禪之意境。

九、作品介紹──可以控制食量多寡的餐具組

1. 好逑皿

碗的食量分配依據，分別由男女的食量來標示。

我們以「男＋女」的概念，延伸到「窈窕淑女，君子好逑」，取「好逑」兩字；「好」字又可以解釋為「女＋子」，

也更加深「男＋女」的核心概念。

Hint：窈窕淑女，君子好逑。出自於中國最早的一部詩歌
　　　總集【詩經】。

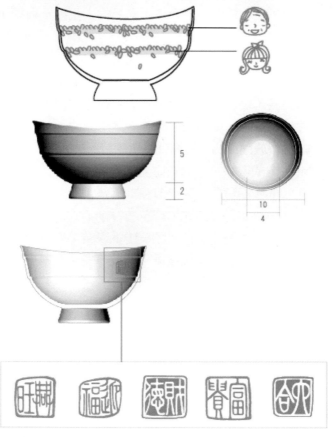

圖一、好逑皿產品解說與使用說明

有弧度的開口，依個人手的大小抓取最適當的範圍。

不僅增高底部讓隔熱效果更好；扇型的設計，讓碗更好拿。

2.比翼碟

「比翼雙飛」意指男女有共同的意志，幸福美滿；盤子的設計概念，在於將兩種不同的食物分類放置，但實質卻是在同個盤子裡，與比翼雙飛相互呼應，藉此取「比翼」兩字。

> Hint：【比翼雙飛】
>
> 相似詞：鳳凰于飛、夫唱婦隨、鸞鳳和鳴
>
> 解釋： 雌雄比翼鳥並翅齊飛的特性。用來比喻夫妻感情融洽，萬般恩愛。孤本元明雜劇・卓文君・第四折：不是妾身多薄幸，只因司馬太風騷。傚神鳳，下丹霄，比翼雙飛上沇寥。
>
> 花月痕・第四十四回：比翼雙飛，頻伽並命。

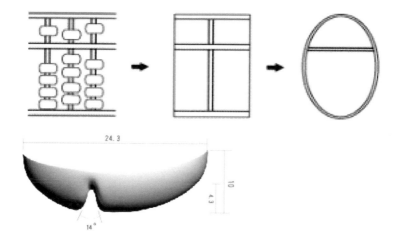

盤子的造型，是參考算盤的外型，意象化之後而成；盤子的分隔比例就像是算盤的樑分隔上珠及下珠的方式。

3.五行筷

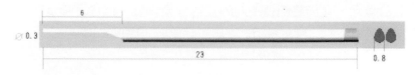

筷子前後段的比例，是參考
算盤上下珠算1：4而成。

切口的設計，保持筷子尖
端的乾淨，不接觸桌面

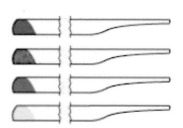

筷子後端的顏色，是五行的五
色，用來區分使用者的餐具，方
便分辨拿取

十、海報看板呈現

看板的設計，是參考「國畫裱框」的方式。

窈窕美人計

陳玫君

嶺東科技大學衛保組營養師、通識教育中心兼任講師，國立臺灣海洋大學食品科學研究所營養組碩士。

正確健康的體重控制，窈窕健康美人就是我

　　『窈窕淑女，君子好求』；窈窕不但是每個女性一輩子追求的夢想，近年來也成為許多型男追逐的夢。然而，近二十年來，由於經濟富裕，國內肥胖人口愈趨增多，年齡層也越趨下降。

　　肥胖不只影響一個人的美觀，甚且引起許多合併症，如：高血壓、心臟病及糖尿病等。每年都有許多人在減肥，但每次減肥後幾乎都又胖回來，有些人自行使用錯誤的減肥方法以致傷害身體，甚至導致厭食症，或是身體的YO-YO效應，對身體造成嚴重傷害；這些事情層出不窮，在我們周遭隨處可見。

　　體重控制其實並不困難，最困難的反而是如何保持體控後的體重穩定且不再有太大幅度的變化。因此，如何才能讓自己保持窈窕，當務之急乃是先建立正確的觀念。

　　首先在肥胖的觀念上，我們說十個女人中有九個都覺得自己胖，難道她們真的都超重了嗎？追求窈窕固然是天性，但應該理解自己與肥胖的相關因素以進行調整，而不要影響了自己的身體健康，在理想體重的正確概念下，而不是越瘦越好。

　　行政院衛生署為國人所制訂的「理想體重，IBW」計算方法為：

男性：IBW（公斤）＝ [身高（公分）－80] ✕ 0.7
女性：IBW（公斤）＝ [身高（公分）－70] ✕ 0.6

　　如果你的體重在IBW ± 10%範圍內即屬理想；超過IBW的10%以上則有過重現象；超過20%以上才被視為疾病，稱為肥胖症，必須正視。

　　另一判斷標準為「身體質量指數，BMI」，其計算法為：

BMI＝體重（公斤）／ {身高（公尺）}^{2}

　　若BMI值介於18.5～24之間，則體重屬於正常範圍；若小於18.5屬於過輕；而24～27則屬過重；超過27以上才稱為肥胖。

　　若以上兩種判斷方法檢測都屬標準之正常範圍，則應以維持穩定為佳，不宜讓體重過度變動，以避免影響身體之正常生理代謝狀況及速度，甚且影響健康狀況。

　　其次是判斷自己是否夠「苗條」；較為科學的建議，除了上述的IBW及BMI值外，測量「體脂肪」又更為精準，而專業上定義「肥胖」，也是指我們體內的「肥肉組織」超過了健康的量。若有兩位身高體重相似（BMI值相近）的女孩，一位安靜不喜歡活動，進食量少；另一位活潑且從事各種體能活動，進食量也較多。雖然她們的BMI值一樣，但若測量她們的體脂肪含量，前者很可能較後者高出許多；雖然外表苗條，卻是不夠健康美，是「林黛玉」型的美，有如「飼料雞」一般，體能通常較差，骨質容易疏鬆，若要懷孕，母親、胎兒健康都將堪慮！

根據最新的研究，健康成年女性體內所含的總脂肪量約為20～28%，12%為「必須的脂肪」，分別小量的散佈於骨髓、心、肺、肝、脾、腎、肌肉、神經組織及女性特有的乳房、骨盆腔及大腿等中，是正常生理作用所需要的。其餘則是所謂的「貯存性的脂肪」，主要堆積於皮膚層下及內臟周遭，保護臟器不易受到撞擊、創傷；多數貯存性的脂肪量，都可不受限制的增多或增大，也因此對現代人的健康產生了莫大的影響。

　　脂肪組織太多對健康有損，太少同樣也不利。當一個人有意外狀況無法由外界補充營養素時，就必須依靠體內所貯存的脂肪暫時作為能量來源；若脂肪量不足，肌肉等蛋白質組織就會快速消耗，提供能源。此種情況下，人體重要器官及免疫力均會快速瓦解！

　　然而，身體內囤積的脂肪大多都是吃出來的，一般認為節食能減肥，事實上，合理的吃也能吃掉體內多餘的脂肪。如何吃才能健康又窈窕？「均衡飲食」乃是踏出健康第一步最明智的抉擇！

　　一般成人根據體重及活動量來看，每天所需熱量，女性一天約需要1500-1800kcal（大卡），男性一天約需要2000-2300kcal。除應注意攝取熱量外，也應注意攝取的種類與份數，以達到均衡飲食的健康維護！下表即是依據清淡烹調方式為範例之不同熱量飲食分配參考表，應依據個人狀況選擇適合自己的均衡飲食份量，但應以清淡飲食為原則，以避免體內累積過多脂肪而影響健康。

　　最後，送大家一個窈窕健康美人大絕招—「LEARN五管齊下法」：

　　　　＊L—Lifestyle，先從修正自己的生活型態開始，這是邁向健康生活的基本生活態度與方法。

*E—Exercise，應有適度與規律運動，以求能有強健的體魄，提升個人免疫力與抵抗力。

*A—Attitude，強化自己更加邁向健康的動機，以維護執行之持續能量。

*R—Relatiopnship，俗話說借力使力，如能結合家人與朋友的力量，得到更多的支持，應更能達到事半功倍的效果。

*N—Nutrition，更重要的當然就是搭配均衡飲食並調整攝取的熱量，唯有適當的控制飲食的均衡攝取，並注意食物選擇與攝取的種類，才是健康窈窕的根本之道。

只要大家都能做到五管齊下，明日的窈窕健康美人就是你！

不同熱量之均衡飲食分配參考表

熱量 食物 分類	1300 大卡	1500 大卡	1700 大卡	1900 大卡	2100 大卡
五穀根莖類	2.5碗	3碗	3.5碗	4碗	4.5碗
奶類	1份	1份	1份	1份	1份
肉魚豆蛋類	4份	4份	4份	4份	4份
蔬菜類	3碟	3碟	3碟	3碟	3碟
水果類	2個	2個	2個	2個	2個
油脂類	2茶匙	3茶匙	4茶匙	5茶匙	6茶匙

經濟好好玩

洪慧純

嶺東科技大學視覺傳達設計系兼任講師、設計學院行政老師，朝陽科技大學企管研究所碩士。任教科目：藝術概論、當代藝術思潮。

大學選填志願時，因為很多人都覺得經濟學很了不起，而社會科學中只有諾貝爾經濟學獎，想到可以很有氣質的拿著印有經濟學封面字樣的書籍走在校園中……，不禁使我選了商科中的經濟學系，結果四年的學習中，卻只感受到經濟學科的艱澀，更不懂為什麼「它」總把很簡單的觀念講得很複雜，一堆的定義及專有名詞的堆砌，真是很難喜歡上它，也因為它學習上的困難（微積分數學＋統計＋會計），幻想中浪漫的大學生活中仍是被眾多的考試壓力所包圍。

開始真正懂經濟學應是從教書開始，當時教授這門學科的對象是高中生，所以我不能照本宣科，將大學學的那套拿來應用在高中教材上，也深知教學若要深入淺出，勢必非得精通這門學科方行，所以在硬著頭皮非讀不可的情形下，才真正領略這門學科的精妙之處，由排斥到愛上它。

有學生問：經濟學可以賺錢嗎？我說：這兩者似乎沒有直接的因果關係，反而觀之現實，經濟學家中鮮少有賺大錢者。

上到總體經濟學時,學生又問:老師,我不可能當總統、財政部長或經濟部長,你上這些如何增進國民所得、提高就業力等的理論,對我們來說,非常無力感耶!

我想如果你要念經濟學,又不想當經濟部長的話,也許經濟學的訓練可以協助你洞悉一件事情的脈絡與邏輯,你真的可以在生活上變的比較理性及具智慧些,其實各行各業都可以應用你所學習到的經濟理論,如評估政府、企業甚至個人的策略性政策是否經的起經濟學工具的檢視等;經濟學名為探討「選擇」的科學,而人類由小到大,無不面臨選擇的課題,我們需要它的思路分析來幫我們作決策,如果您想要一生數萬次的選擇中的錯誤率低些,那我相信學習經濟學的邏輯思維能力,真的對你選擇的判斷會很有幫助的。其實經濟學可以落實到生活中的各個層面,它可以解釋所有的現象,可以很簡單及生活化的。

一、冥冥中一隻看不見的手

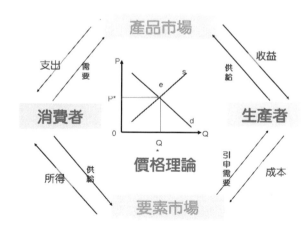

圖1　經濟循環周流圖

經濟學是一門研究人類社會的科學，它將人類分為生產及消費兩者，生產者的主要目的是賺取利潤，而消費者的主要目的是物超所值，效用最大。對生產者來說，他生產產品到市場去賣，扮演供給者的角色，並由市場獲取收入，所以希望產品定價越高越好。而消費者則到市場中去購買他所需要的產品，扮演需求者的角色，因其必須有所支出，所以希望價格越便宜越好。那要素市場賣什麼呢？賣我們認為最重要的四個財產（一個人擁有財富與否的象徵）：1.土地的報酬：地租；2.資本的報酬：利息；3.勞動的報酬：薪資；4.企業能力的報酬；利潤。

　　所以消費者為了有錢能去購買商品，他必需到要素市場去賺，此時則扮演供給者的角色，希望價格越高越好（薪水越高，房屋租金越高或利息越高等）。反之生產者要到要素市場去買消費者提供的產品好生產出商品，比如他必需有廠房（支付租金），雇用員工（支付薪資），有資本（利息支付）等，所以扮演需求者的角色，希望要素產品越便宜越好。

　　所有的人都同時是消費者及生產者，卻都因扮演角色不同而對價格高低有不同的期許，於是我們的經濟學之父「亞當斯密斯」（他同時是哲學家、道德學家、修辭學家）發現當每個人基於自利的動機（人性自私的本質），會無形中自動達到一種均衡的狀態，他稱之為「冥冥中一隻看不見的手」。也就是「市場價格機能」，因為每個人為了自己的需要會與對方形成一種類似討價還價的過程，而在雙方談判的過程中，為了達成交易，兩方都知道唯有達到平衡的價格是對雙方都最有利的。所以人類自私自利的特質，卻能導致整個社會獲得最大的福利，政府的干預反而使社會的福利變小。

　　亞當斯密斯提出了很多的經濟模型來解釋這樣的現象（如消費者剩餘等）而他的理論也成為資本主義的精神主軸，似乎經過這一百年來的發展後（因資本主義造成的貧富差距滋生了社會

主義的思潮、共產主義、二次大戰、蘇聯瓦解……），即便到現在的網路世紀，他的立論仍能顛撲不破，實在是令人景仰。

二、鑽石與水的矛盾

人類一天沒水就會死去，相對於鑽石，水實在太重要了，可是為什麼水那麼便宜而鑽石如此貴呢？大家都知道因為「物以稀為貴」，但今天我想透過這個例子為大家解釋經濟學中很重要的邊際概念，因為在我們日常直覺的生活中較少這樣的思維。經濟學有下列兩個名詞：

1. 總效用（TU）：即「使用價值」，如同水對我們的價值，指的是一個人從消費財貨或勞務中得到的滿足程度或愉快的程度。
2. 邊際效用（MU）：即「交換價值」，如同鑽石可以與他物交換時所產生的價值，指的是每當消費者多增加一單位消費時，總效用的增加量，如下表。

表1　總效用與邊際效用表

消費量	1	2	3	4	5
總效用（TU）	20	30	35	35	33
邊際效用（MU）	20	10	5	0	-2

由於1.人類慾望的強度是有限的，2.財貨有不同的用途，所以經濟學家發現了邊際效用遞減法則。這也就說明了為什麼「物以稀為貴」的原理。

例如你到朋友家作客，朋友的媽媽僅準備了兩份餐點，你的消費量只到2（MU=10），所以邊際效用仍很高，但若她準備了五份餐點，此時你的消費量已到5（MU=-2），按照邊際效

用遞減法則，10的感覺（mu）比-2的感覺好很多，故消費量到5時，你非但不再有意猶未盡的感覺，反而有點食不下嚥了。所以消費量越少的價格（交換價值或邊際效用）就越高，反之消費量越多者其價格就比較便宜了，這也說明了因為水相對於鑽石數量很多，儘管對我們很重要卻較便宜的理由。

三、機會成本

資源因為有限，在有限的選擇中，一個人所放棄的最有價值的選擇就是機會成本。比如同一個小時的時間你有如下選擇：1.到加油站打工賺75元。2.唱民歌賺200元。3.看電影花500元。4.在這邊聽老師講課，不賺不花。

因為你們選擇了在這邊聽課，所以機會成本就是200元（你放棄的資源中價值最高者）。一般而言成本要越低越好，所以以經濟學理性觀點，同學選擇唱民歌是最明智的，因為機會成本是75元（其他都是200元）。

再舉一個例子，假如同學畢業後自己開業，以自己住家開了間泡沫紅茶店，裝潢、材料等共花了五十萬元，在會計記帳上成本是五十萬元，可是經濟學家以機會成本概念計算，成本將變為：

裝潢、材料費：500,000＋你原來可以租給別人的房子賺的租金：每月5,000元＋你原來去工作每月的薪資：20,000=525,000元。

希望透過例子，同學可以瞭解機會成本的概念。

再舉一例：你獲得一張免費的蔡伊林演唱會的票，但同時間有另一場你更喜歡的王菲的演唱會，但要付1,000元門票，對你來說只要王菲的演唱會門票不低於1,500元，你都願意購買門票去聽。如果你選擇去聽蔡伊林免費演唱會的機會成本就是1,500－1,000＝500元，所以你可以評估：只要蔡伊林演唱會給你的價值高於500元，你就值得去聽蔡伊林的演唱會。

四、節儉的矛盾

從小父母親總教我們節儉是美德，可是在大約1930年代，世界發生經濟大恐慌，當時的救世主凱因斯經濟學家發現了經濟如此蕭條的原因在每個人都太節儉了。他提出了一個公式：

Y（國民所得毛額）＝C（消費）＋I（投資）＋G（政府支出）＋X（出口）-M（進口）右邊的數值越高，則國家的所得就能提高（其中有乘數效果可以加倍成長或衰退），所以當人們都不消費，只把錢存下來的結果，C（消費減少）、投資亦會減少（因如店家沒生意，沒人買就倒店了……）、然後政府也沒稅可收，支出就少了，所以形成惡性循環，國家就加速衰退了。

所以個人的儲蓄增加反而造成整體社會的儲蓄量減少（如果你被裁員，可以存進銀行的錢自然就變少了）這就是所謂節儉的矛盾。

相信同學會問，那以後我們可以跟父母說這理論，就可以不存錢了，是嗎？其實節儉的矛盾是適用於較有錢的國家，但貧窮的國家是不適合的。所以以學生來說，還是需節儉累積資本的。

五、吉分財

有回上課時，有位女同學沒帶課本，我請隔壁男同學跟她一起看，結果這男同學現學現賣的說了：老師，她是吉分財，我才不跟她一起坐呢？這男同學挺毒的嘞，最後，我想跟大家介紹一下吉分財的概念。

一想到奢侈財、正常財及劣等財，顧名思義，即使未讀過經濟學的同學也分的出其優劣與否，以經濟學角度而言，我們如何分辨此三種財貨呢？通常我們會以所得提高程度，對消費者購買數量多寡的敏感度來衡量。

1.所得提高了，消費者對此財貨馬上買很多的就是奢侈財。

2.所得提高了，消費者對此財貨會多買的就是正常財。

3.所得提高了，消費者對此財貨會少買的就是劣等財。

那何謂吉分財呢？

經濟學有所謂「需求法則」：假設其他條件不變，消費者對某特定財貨在某特定期間，當財貨的價格減少時，消費者對該財貨願意而且有能力購買的數量會增加。即價格與數量會呈相反方向變動的法則。

而唯一需求法則例外的兩種財貨就是炫耀財及吉分財。

炫耀財顧名思義是以炫耀為標的的財貨，例如配戴昂貴珠寶引來眾人欽羨的眼光。反之如果珠寶很便宜的話，就無購買意願了。

吉分財呢？吉分財剛好相反，它是劣等中的劣等。

1.當人們所得提高，壓根不想再買的財貨，所以它隸屬於劣等財。

2.可劣等財雖不好，總符合需求法則，而吉分財卻違反需求法則呢？

比如，戰爭時期，因白米太貴，人們一餐中只能以蕃薯佐些白米配著吃。在吃飽的配額下，當蕃薯變貴了，人們不得不將買白米的支出用來多買蕃薯，所以蕃薯價格上升，反而購買的數量增多，實在是不得不的選擇呢！

戀愛經濟學

何淑熙

嶺東科技大學國際企業系副教授，逢甲大學商學院博士。授課科目：經濟學、貿易英文寫作。

一、楔子

　　經濟學其實是一門很有趣的社會學科，它可以伴隨社會各種現象做說明。像配合醫學，則為醫療經濟學；配合健康，則為健康經濟學；配合婚姻，則為婚姻經濟學；配合勞動，則為勞動經濟學；配合法治，則為法制經濟學；配合國防，則為國防經濟學；配合年輕人的戀愛（但不是年輕人的專利），則為戀愛經濟學。所以，經濟學的運用，是相當廣泛的。它可用來解釋日常生活的各種現象。例如有名的諾貝爾經濟獎得主Becker就以經濟學的角度，廣泛的分析了各種人力資本的課題，引起社會大眾的重視。現在，我謹以戀愛的角度，來說明經濟學。

二、市場類型

　　戀愛如四種市場類型：戀愛是從完全競爭→獨占性競爭

→寡占→獨佔；最好不要變為雙邊壟斷。各位學過經濟學的讀者，想想看：

（一）完全競爭市場的特性

1.買賣雙方人數眾多
2.產品同質
3.生產者和消費者都是產品價格的接受者
4.長期間廠商可自由的進出市場
5.長期間廠商沒有超額利潤，只賺取正常利潤
6.因為產品同質，所以不需要做廣告

各位讀者，戀愛是否先從人數眾多開始，先是團體遊戲，尋佳人於芸芸眾生中。此時，每一位異性朋友，對你而言，都具同質性。大家在這個團體中，所有決議，都是由大家共同決定，每一個人都是價格的接受者。但是，如果你不喜歡，可以隨時退出或加入，都沒有人會管你，非常自由。

（二）獨占性競爭市場的特性

1.買賣雙方人數眾多
2.產品異質
3.生產者和消費者都是產品價格的決定者
4.長期間廠商可自由的進出市場
5.長期間廠商沒有超額利潤，只賺取正常利潤
6.因為產品異質，所以需要做廣告

一旦進一步的深入談戀愛後，人數還是眾多。但是此時已經開始對某一個異性感覺特別好感，產品開始異質了。但由於還未進一步表白（或者有了初淺的交往），所以仍然是可自

由的進出。只是，因為產品異質了，所以某些具有影響力的俊男、美女（或者是具說服力的人）或許就可以決定市場價格，而大部分的人也都願意追隨之。

（三）寡占市場的特性

1. 寡占市場分為純質寡佔與異質寡佔兩種
2. 寡占市場人數明顯的減少
3. 寡占市場的競爭策略特別多，有價格競爭與數量競爭策略等

當戀愛進入了寡占市場，此事宛如置身春秋、戰國時代。必須要用各式各樣的策略，迎擊對手。像如何從扭折點需求取線，使自己在戀愛過程中，慢慢提升為價格追隨者，以至於到價格領導者的不敗地位。以及在賽局理論中（Game Theory）非常有名的Nash均衡解，也是John Nash在眾多男生都追求一個漂亮的女孩，慘遭滑鐵盧後，悟出Nash均衡解。（Nash均衡解：在對方既定的策略下，做出有利的決定）。

（四）獨占市場的特性

1. 市場上只有一個廠商
2. 廠品獨　無二，絕對異質
3. 要加入或退出這個市場很難
4. 為什麼會形成獨占市場？可能是規模經濟，也可能是受政府法令規章的限制。

戀愛到最後，雙方結婚，進如彼此的獨占市場。此時，不太可能可輕易的退出了。在對雙方的感覺上，應該是異質的，別人是無法取代的。政府法令規章（婚姻證書）的保障，使婚

姻成為獨占市場。

　　奉勸目前正在享受戀愛甜美滋味的幸福人，在尚未確定對方是否真是你（你）的Mr.（Miss）Right，則儘量維持住完全競爭或獨占性競爭市場的局面，給彼此一個自由加入或退出的空間，不要束縛彼此，才不會發生一些無可挽回的憾事。

三、規模報酬與邊際報酬

　　經濟學上的邊際報酬是所有要素數量固定下，某一變動要素數量的增加，對總產量的影響。譬如勞動的邊際產量，是每增加一單位勞動的投入，對總產出的貢獻。背後隱含的是所有與支配合的生產要素數量固定不變。亦即：

$$Q = f(L, \bar{K}, \bar{T})$$
$$\Delta L \Rightarrow \Delta Q$$

　　然而，規模報酬是所有的生產要素量都變動，在這些所有的生產要素量都變動之後，產出會發生什麼變幻。亦即：

$$Q = f(L, K, T)$$
$$\Delta L, \Delta K, \Delta T \Rightarrow \Delta Q$$

　　所以，戀愛是邊際報酬的概念。正規的戀愛（3P，4P，……除外），應該是一對一的談戀愛，（否則不道德）。因此，應是變動的勞動對產出的影響。故此，戀愛經濟學告訴我們，戀愛如MP線，先遞增後遞減。而合理的生產階段，落在第二階段，此時邊際報酬是遞減的，但總產量還在增加中。所以，是在戀愛沖昏頭的時候，糊裡糊塗的進入結婚禮堂，有責

任感的,可以將總產量繼續遞增;反之,過沒幾年,邊際產量
就遞減為0,總產量就減少了,失去婚姻的樂趣了。

四、經濟成長理論:各學派的比較

說到這裡,何老師將各個不同學派的經濟成長理論整理
如下表,各位讀者是否可自己品嚐、意會,其中和戀愛間的關
係。當你(妳)領悟一、二時,便能會心一笑。

Keynes	Harrod-Domar	Solow新古典成長理論	Lucas內生成長理論
	K與L完全互補	K與L完全替代	
		技術、L:外生的	技術、L:內生的
投資的需求面	投資的雙重性		
透過乘數效果,經濟成長 $k=\frac{1}{1-MPC}=\frac{1}{MPS}$	$\frac{\Delta Y}{Y}=\frac{APS}{\beta}$		
		報酬遞減	報酬遞減
		資本累積技術進步人口成長經濟成長	人力資本累積經濟成長

傳統的Keynes成長理論,因其過份著重需求的擴張效果,

忽略了儲蓄對資本存量的影響，以致於得到「節儉矛盾說」的結論。而Harrod-Domar修正Keynes只討論到需求面的缺點，強調投資的需求、供給雙重效果，進而得到儲蓄率的提高，有助經濟成長的結論，和Keynes理論截然不同。但是，因為Harrod-Domar模型的不穩定。所以，新古典學派Solow修正之，得到穩定狀態下的經濟成長與黃金法則。1980年代Lucas等學者又將技術水準、人力資本納入模型內，成為內生變數，提出有名的內生成長模型。這些理論模型、分析架構，同學都應注意。

五、結語及祝福

「一分耕耘，一分收穫」，「要怎麼收穫，必先那麼栽」，這是大家都知道的道理。同樣運用在讀書上，是一樣的。必須慢慢灌溉，辛勤耕耘，才可能以汗水換得豐盛的果實。經濟學如同所有社會學科一樣，必須一點一滴累積，唯有不斷的閱讀、書寫、演練，時間久了，自然而然，就融會貫通，不知不覺的進入經濟學的殿堂，浸淫在John Keynes、Milton Friedman等學者的思潮中，品嚐大師們所烘培出一道道甜美的糕點！

各位同學，在人生的競技場上，請抱持者我們都是小鳥龜的心態，慢慢爬，不要急，不半途而廢，總有到達終點的時刻。當別人在周休二日，甚至三日時，我們要耐得住孤獨，只和「經濟學」約會；淺嚐學者呈現給我們的美好理論。善於運用經濟學各種有哲理的理論於戀愛刺激過程中，必能談場轟轟烈烈的戀愛！

何老師在這裡陪伴各位，我們互相打氣、加油！願上天祝福每一位「戀愛經濟學者」！謝謝！

盛裝麗服人生趣

李永中

嶺東科技大學流行設計系助理教授，曾任亞洲安妮香水股份有限公司彩妝創意總監。學術專長：彩妝學造型教育訓練、舞台演出設計、造型秀發表編排設計、個人形象指導教學、整體造型教育訓練、人體彩繪教育訓練。

　　你我每天起床後是否都常為了今天該穿什麼樣的服裝或款式而煩惱？百貨公司週年慶貪圖特惠或折扣利誘的人們，是否也常買了一堆華而不實，根本不適合自己的服裝？之前有流行時髦，後來有時尚，現在年輕人又有「潮」一字出現（即為一般大眾所謂的潮流）。但到底怎樣穿著才是衣著服裝的真正本義呢？讓我們來了解一下服裝的定義、社會訊息的定義與服裝風格的定義吧。

一、服裝的定義

　　我們通常會將衣物（亦可稱之為服裝、衣服、衣著）穿在身體之上，以作為蔽體、保護、舒適之用。最廣義的衣物除了我們平日所認知用於軀幹與四肢的遮蔽物外，其實還包含了頭部（帽子）、手部（手套）、腳部（鞋子、涼鞋、靴子）等等。

如果是攜帶而並非直接穿著在身軀之上的物品，例如：用於頭髮之上髮帶、髮夾，或配戴在身上的耳環、項鍊等珠寶首飾，或者背在身上的皮包，拿在手上的雨（陽）傘，通常只能算是服裝之外的配飾而非衣物。所有這些裝飾都將會影響到整體的服裝造型感，但是卻不會成為服裝的一個部分。

　　人們會為了功能性與／或社會性的理由來穿戴衣物。正因為衣物能夠保護自己的身體，亦也可以成為一種傳遞社會訊息給其他人的方式，還有與人溝通的積極正面的效果。

　　衣物的功能有保護身體來抵抗炎熱強烈的日曬、極度的高溫或低溫、衝撞與碰擊、蚊蟲的咬傷、有毒化學物直接或間接的接觸、武器的傷害、或是與粗糙物體的接觸。總而言之，就是抵抗任何可能會傷害未經保護的人體的東西，我們均可稱之為：衣物。

二、社會訊息

　　現今人們在設計衣物以解決某些實際的問題上，已經展現了高度的創造力。衣物、配件與飾品傳達的社會訊息則可能包含了穿戴者的社會地位、職業、道德與宗教的連結、婚姻狀態、以及性暗示等等。

　　在社會階級方面：在許多社會中擁有高地位的人，會將某些特別的衣物或飾品保留給自己來使用。中國歷史中記載，古代有某些皇帝或皇室是唯一能使用黃色的人，例如元、明、清三朝。元代就曾明令「庶人不得服赭黃」。因為黃色在五行中是屬於中間的象徵色彩，中間對中國人而言，是最尊貴的位置。因此黃色逐漸變成了皇帝的專用色彩；在歐洲的羅馬，亦也只有皇帝可以穿戴染成紫紅色的服裝；位於亞洲與北美洲之間的夏威夷，只有高地位的酋長可以穿戴羽毛大衣與鯨齒雕

刻。因此,在許多情況下,有些抑制浪費的法律體系會精細地管理誰可以穿著什麼樣的衣物。

在其他的一些社會當中,沒有法律會去禁止低地位的人去穿戴高地位者的服裝,然而那些服裝的高價位則很自然就限制了他人的購買與使用。像在當代西方社會裡,只有富有的人能夠負擔得起設計師所設計出的高級訂製服裝(hautecouture),而許多貧富差距落差很大的國家意識如此。

在職業方面:廚師、空服員、軍警、消防隊員通常會穿著制服,而許多企業中的員工也是如此。中小學生經常會穿著學校制服,而之前某些專科學校的學生也會穿著學校服裝或是軍訓服。

在道德、政治與宗教的連結方面:在世界上許多地區中,民族服裝與衣服風格代表了某個人的地位、宗教等等。例如:宗教成員可能會穿著修道士服、道袍及項鍊,慈濟功德會等。有時候單是一件衣物或配件就能夠傳達出一個人的宗教信仰。

在婚姻狀態方面:以日本為例,日本女性穿著的和服,袖口的寬度即為已婚或未婚的表示。已婚婦女多穿「留袖」和服,未婚小姐多穿「振袖」和服。

至於在性暗示方面:許多衣物會表現出穿衣者自身的端莊。比如說,一個女性可能會穿著極高的高跟鞋、緊身暴露的薄紗或透明衣物搭配網襪、誇張的化妝方式、誇張又華麗的珠寶以及誘人香水氣味來表現其性暗示。(此點只是舉例,並未代表所有穿著上述服裝之女性接有性暗示之企圖。)

三、服裝風格的定義

每個企業都有自己的企業文化與規劃,有些產業也會有服

裝風格的定位，但畢竟那是一種比較抽象的社會認知，並沒有絕對或嚴格的定義。

但該如何對「服裝風格」進行定義？劃分服裝風格的角度很多，不同的劃分標準賦予服裝風格不同的含義和稱呼。從造型角度，我將把服裝劃分為下列五種不同之風格。

1.經典型Look

風格主要為端莊大方，可能具有傳統服裝的特點，是相對比較成熟的，也能被大多數女性接受的，為一種講究穿著品質的服裝風格。經典風格比較保守，不太受流行左右，追求嚴謹的製作，高雅而含蓄，以完美的和諧度為主要特徵。正統的西式套裝就是經典的典型代表，此類型服裝一直為大眾所追尋的風格。

2.前衛型Look

前衛和經典是兩種相對立的風格派別。前衛風格受藝術型態的影響頗大，造型特徵以怪異為主軸，運用具有超前流行的設計元素，追尋一種獨特、反叛刺激的形象，是個性較強的服裝風格。也表現出一種對傳統觀念的叛逆和創新精神，是對經典美學標準做一種突破性探索而追尋新方向的設計。80年代的龐克風即帶領一種反叛風潮。

3.運動型Look

充滿活力元素，自然寬鬆，便於活動。此類型服飾面積較寬鬆，會運用較多塊面與條狀分割及拉鍊，商標等裝飾。面料多為選用棉質，針織或棉與針織的組合搭配等，可以突出機能性的材料。色彩比較鮮明而響亮，白色以及各種不同明度的紅

色，黃色，藍色等在運動風格的服裝中經常出現。在90年代為一種潮流服飾，例如嘻哈風格就是此類型的代表。

4.優雅型Look

優雅風格是具有較強的女性特徵，兼具有時尚感的或較成熟的，外觀與品質較華麗的服裝風格。講究細部設計，強調精緻感覺，裝飾比較女性化，外形線較多順應女性身體的自然曲線，表現出成熟脫俗考究，優雅穩重的氣質風範，色彩多為柔和的灰色調。90年代末期的優雅風格讓大眾都可以輕鬆的選擇此類型穿著。

5.休閒型Look

休閒服飾通常是以穿著與視覺上的輕鬆、隨意、舒適為主的風格，年齡層跨度較大，適應多種階層的日常穿著服裝風格。休閒風格的服裝在造型元素的使用上也沒有太明顯的傾向性。此類型穿著為假期服裝的最佳選擇。

其實，針對自己服裝定位的年齡、特色及TPO等特點，再定位出自己的服裝風格、明確自己的目標，這樣才是真正的傳達穿衣的目的，絕對不要沒有目的的跟著流行或潮流走勢，這樣才能成為真正屬於自己的潮流，若一味追求風潮，只會成為衣服的玩物，最後將成為被時尚操弄的對象。相信日後更能在選擇服裝時，多一分對服裝的了解與認知吧！

怡情養性
——談樹石藝術

柯進傳

嶺東科技大學通識教育中心講師。盆景雅石是多年來的喜好，近些年來，生活方式裏，動則打球運動，靜則沉浸在學佛、繪畫、蒔花弄草、靜思養性，生活逸趣，無不自在。

一、樹石藝術溯源

「一盆一景觀」，「一石一世界」，盆景與雅石的藝術，是我國傳統國粹中的精華文化，其歷史悠久，它不僅是當時皇宮貴族的室內裝飾品，亦是文人雅士，墨客騷人寄情養性之所託，其背後思想實可溯自先秦時代老莊的「自然」哲學與後代禪宗佛教所併發出來的文人畫作，以山水、樹石、花鳥、人物為題材，言賅意簡，盡成墨戲禪畫。於此基礎，綿延不斷，流傳至今。

盆景素有「立體的繪畫」與「無言的詩歌」之美譽，其姿態可典雅優美，生氣盎然，集靈氣於一身，其充滿生命力的造型，為世人所鍾愛，絕非世俗的緞帶或塑膠造型盆景所可比擬。

　　中國盆景傳至唐宋，樹石合流，如王維「以黃瓷斗貯蘭蕙，養以綺石，累年彌盛」，把蘭花和山石同植一盆，這是詩人的雅興；需「累年」才能「彌盛」，這是盆景製作的經驗談。宋代名畫家張擇端有一幅"明皇窺浴圖"圖中就有各種不同的盆景；有松樹盆景蒼老曲折栽於圓形盆中，還有牡丹荷花配以玲瓏奇石置於長方淺盆中。元朝畫家李士釗有一幅「偃松圖」，圖中盆栽的松樹枝幹俯曲抱石而偃，蒼老古樸石型玲瓏，植於大長方形淺盆中，和我們現代的松樹盆景實相類似。到了明清時代，文人雅士製作盆景常以名畫為範本，盆景藝術也因各地風物人情及畫派風格的不同，形成了各具地方特色的流派；嶺南派其特色是講究自然生長都以修剪為主的「截幹蓄枝法」；蘇州派則重扭曲，百轉千迴，枝無寸直；至於川派，以四川成都為中心，其樹幹常彎成「方栒」、「掉栒」、「大彎垂枝」、「滾龍抱柱」、「老婦梳粧」等形式。民國以降中國的盆景藝術更從達官貴人、富商巨賈、士大夫階級，普及到民間，除原有流派外，亦發展出「北京盆景」，瀋陽的「木化石盆景」，丹東的「樹兜牡丹盆景」等新風革、新流派。

　　中國的盆景藝術，在唐宋時代，便與其他文化傳入東瀛。在十八世紀，日本的盆景造型已從「曲物型體」，進展為「文人型體」，「美術盆栽型體」，及至二十世紀流行的「自然盆栽」，其間日本更在國內獎勵推廣，大學教育設置園藝系並開設「盆栽造型課程」，從教育紮根，政府並舉辦全國性的國風盆栽藝術展，西元1970年的大阪萬國博覽會，在優美的日本庭園內展示盆栽，引起歐美的盆景熱潮，如今盆景已成為世界性的生活造型藝術。

二、台灣盆景

　　台灣的盆景在清朝時台南、鹿港、艋舺一帶就有文人雅士賞玩盆栽，據云台南開元寺、鹿港媽祖廟、台北龍山寺等，保留至今的盆栽及盆缽，皆有二百年以上的歷史。台灣地處熱帶及亞熱帶，氣候溫和，濕度適中，無論熱帶、亞熱帶、溫帶，甚至寒帶野生林相，一應俱全，天生地養，翠綠茂盛，也因氣候甚宜，植物發育快，生長期長，故整枝容易，成型也迅速，實適合於發展盆景藝術。

　　台灣盆景過去以榕樹為主，近年來山採雜木盆栽榆、櫸、七里香、狀元紅、福建茶、楓、槭、朴等十分盛行。松柏盆景更是後來居上，隨著居家生活環境空間的縮小，目前小品盆栽，也大為風行。本島盆景在造型上，傳承了嶺南派「截幹蓄枝」與日本「自然盆景」的美學，加上台灣特殊氣候的條件，素材極為豐富，優秀傑出的盆景作品，屢見不鮮，前途無限。至於如何欣賞樹石之美，略述拙見：

三、盆景之美

根： 對植物而言，根是最重要的一個部位，它決定樹的穩定感；顯現在土地表面上的粗根、扎根模樣，盆栽界稱為「展根」，是辨別樹好壞的重要因素。好的「展根」應露出土面向前後左右伸展而出，強而有力地根著於土地之上豪不動搖。

幹： 幹是盆栽形態美的基礎，基幹最粗漸往上生長逐漸變細，具有植物獨特的木紋，以完整無缺為最佳。

枝： 枝是襯托樹幹，使之千變萬化的功臣，論取捨，枝數

以少為佳，一枝、一枝充分表現個性者為大家所求，但雜木類又不同，小枝愈多反而愈富情趣。

葉：葉以細小、密生，生育期中有光澤、色濃、充滿生意者為佳；若葉過於茂盛，盆栽看來一團黑，會喪失韻味。

花：花宜素雅清新，宜嬌小玲瓏；花，以梅稱首。

果實：果實同花，僅供觀賞並非盆栽之本意，樹幹美、樹枝美，秋來結果加添一點紅，就是另一種有時趣的果實盆栽了。

四、雅石之美

至於石頭，石本天成，一如明代李時珍本草綱目所言：「石者，氣之核、土之骨也。大者為岩巖，細者為沙塵。」原無優劣、美醜之別，只是人們在觀賞的時候，緣於自己的思想感情，不免賦予某些意義。

賞石雖可因人賦意，但自有一些原則，使得初識者能有所遵循。宋代米芾提出四個基礎性的原則---瘦、縐、漏、透，亦有說是瘦、縐、透、秀或秀、瘦、雅、透者，但不論何種說法，都表示賞石重在凹凸起伏、疏實有致和紋理的變幻莫測，並須兼有神韻。後來蘇軾又加上一個「醜」字，傳神地指出石之美在於「奇」與「勢」。至清朝鄭板橋說道：「醜而雄，醜而秀」，其意益加分明。而歷代的文字中對石更有較具體的形容，像滑如脂、黝如漆、潤如珪鑽、矗如峯巒、列如屏障、拳如虯蝎、蹲如虎軀、連絡若鈎鎖、重疊如荳蹄等。

石頭，可作為庭園擺設之用，也可置於案頭，因為不是堅確之物，人卻具有虛靈之性，石本無心，人卻有意，不但顯其真象，玩具形質，也遣懷寄興。

中國人欣賞樹石盆景，等於欣賞大自然。當他觀想玩味石頭或枝芽時，就好像優游於山水雲霧及秀巒翠林之中。人與自然之間，藉著這小小一方景緻做為媒介，互相溝通，進而合而為一。

面對壓力有力量

溫嬿玫

嶺東科技大學講師，也是一位國家考試及格的諮商心理師。現職並兼任學校的輔導老師與駐地實習諮商心理師的專業督導。大學與研究所念的是哲學、企管及心理學，喜歡聽人說自己的故事，並且樂於看到個案找回自己的力量。

一、壓力是什麼？

　　簡單來說，我們所處的環境無時不在改變，當身體要適應這些改變的時候，在生理與情緒上所產生的影響，就是我們所謂的壓力。壓力對我們的影響可能會是正面的、有益的，也可能會是負面、難以負荷的，就看我們如何反應來決定。因此，壓力管理的目標就是要減少壓力產生的傷害，來維持生命的活力與品質。想要在生活中除去所有的壓力，其實也是沒有必要的。

　　由於每個人的個性、需求、以及對情境的感知皆不同，因此，同一個事件對這個人會形成壓力，卻可能使另一個人心嚮往之。例如，就算我們同樣為期末考的壓力所苦惱，你我身心狀態仍然有差異。而個人調適壓力的能力，也可以因為生活經驗的累積、年歲的增長……等因素而更加圓熟。

二、如何評估生活中的壓力

　　如同每個人的經驗所知道的，我們都生存在某些壓力之中。有些壓力較不易被察覺，例如大氣壓力;有些壓力則對我們具有威脅感，例如交報告、考試、競賽、或衝突。日常生活中發生的種種改變與抉擇，即使是一件喜事，例如結婚，也都可能是造成壓力的事件。其實，也因為這些壓力，從而加深了我們生命的深度與豐富性，不是嗎？但是太大或太小的壓力，對個人都是不好的。壓力太小，我們可能會覺得很無聊，沒什麼成就感;壓力太大或持續太久，卻又會造成我們身體或心理上的傷害，以及能量的耗竭。

　　有些壓力指標能協助我們檢視自己是否處於壓力之中。生理部分如：口乾出汗、肌肉緊繃、呼吸變快或變淺、頭痛、胃痛、心悸;心理反應如：擔心、焦慮、無助、猶豫、易怒、憂鬱;或者社會行為方面出現退縮、不想與人互動來往、工作效率降低等。事實上，許多疾病如胃痛、偏頭痛、心血管疾病的發生，皆與壓力息息相關。如果我們持續經驗到上列症狀，則表示應該要減少生活中的壓力，並且／或者增進自己調適壓力的能力了。以下就介紹幾種壓力調適的方法。

三、壓力調適的方法

　　既然壓力的來源不會只有一個，於是也就存在著許多壓力調適的模式。然而，無論哪種方式，都需要我們做些改變：改變壓力的來源，以及／或者改變我們面對壓力的態度。以下是幾種我們能夠嘗試的方法。

　　首先，對於自己的壓力來源及身心反應要更加敏銳的覺察。平時就要多注意自己的困擾，而不是忽略或掩飾。同時，

也要了解困擾自己的事件。問問自己：它對我的意義是什麼？並且要留意自己面對壓力時的生理反應，有什麼特別的方式嗎？

其次，多注意到自己「能夠改變」的部分。問問自己：「我的壓力來源可能是可以避免或消除掉嗎？我能夠減小壓力的強度或發生的頻率，讓它不那麼常發生嗎？我能減少自己身處於壓力的時間嗎？」記得一句廣告詞：「休息是為了走更長久的路！」有時休息一下，就能維持體能在最佳狀況呢！另外，問問自己，能否投入足夠的時間與精力來使改變發生？例如，改變目標設定的期待值或時間管理的技巧。

再來，要學著減低壓力下情緒反應的程度。可以省視自己：對壓力來源的知覺是否會過於誇張，而將自己逼入了絕地？我是否有著取悅所有人的不切實際的期望？我是否將事件看得太嚴重或太緊急了？或者感覺到每件事都非我不可？不妨學習積極正向的思考習慣，以及自我肯定的行為。

第四，學著減緩因為壓力產生的生理反應。將注意力回到自己的呼吸是非常有效的方法。緩慢的深呼吸能協助我們將目前的心跳帶回正常狀態。放鬆技巧，自我暗示或漸進式放鬆法，也能減緩肌肉的緊張，不妨請教諮商中心的老師們。靜坐也是個好方法，有助於放鬆、改善睡眠、減少頭痛、並達成正向心理健康。

第五，由於身心相互影響，所以建立自己的最佳體能狀態，會是相當重要的提醒。運動能增進個人的心肺及循環系統的功能，讓自己有均衡的飲食，同時避免抽煙、喝含咖啡因或酒精的飲料、及其他刺激性食物。當然也要平衡我們的工作與休閒，努力工作的同時也要記得休息一下！更要有充分的睡眠。

最後，更要維持最佳的情緒狀態。發展社會支持系統對自己非常有幫助，也就是一些令我們感覺親密，能與我們共享喜怒哀樂的親朋好友。檢視一下我們所追求的是否是實際並且對

自己有意義的目標，而非他人給予、旁人無法分攤的目標。最後，更別忘了要好好對自己，當自己的好朋友！

　　雖然壓力無時無刻不在，但是祝福大家，面對壓力是有力量的！

資料來源

1.Jerrold S. Greenberg，潘正德譯（民84），壓力管理，心理出版社。
2.Counseling Center, University of Illinois (1984), Stress Management.

D 調&奢華？
——談爵士與古典樂

林慧珍

1988年通過教育部音樂資賦優異生甄試，保送進入輔仁大學音樂系就讀，主修鋼琴，副修中提琴。1992年以鋼琴組總成績第一名自輔仁大學畢業，取得音樂學士學位。1995年自美國波士頓新英格蘭音樂學院（New England Conservatory of Music）音樂研究所鋼琴演奏組畢業，取得音樂碩士學位。期間曾師事Randall Hodgkinson及Victor Rosenbaum學習鋼琴演奏，並隨Tatyana Dudochkin學習鋼琴教學理論及方法。1995年應宜蘭縣立文化中心邀請舉辦個人鋼琴獨奏會，同年並於花蓮慈濟技術學院舉辦鋼琴獨奏暨講習會，在慈濟新聞有線電視台播出深獲好評。1997年獲臺灣省音樂文化教育基金會及臺灣省立交響樂團評選為樂壇新秀並於各地文化中心巡迴鋼琴獨奏演出。2004年1月、12月於台中市新民藝術中心及2006年6月於國立台灣交響樂團演奏廳舉辦個人鋼琴獨奏會，獲聽眾熱烈迴響。目前為嶺東科技大學音樂通識課程專任副教授。

古典音樂並非是欣賞鋼琴音樂之美的唯一選擇，在爵士鋼琴音樂中，亦富有豐富的音樂色彩及更寬廣的揮灑空間。本文將爵士音樂中鍵盤和聲與即興技巧，以深入淺出並配合實際鍵盤彈奏示範的方式介紹，相信能使學生對爵士音樂有基礎的認識，進而培養欣賞之興趣。

一、何謂爵士樂？

「爵士」樂（Jazz）這個字的起源有諸多不同的說法。有人認為Jazz一字由法文Jasper而來，意思是「閒聊」。常人在聊天時是無法預設談話內容的，想到哪就聊到哪，所以Jazz代表一種即興式的活動。另外一種說法Jazz一字在二十世紀初開始廣為流傳時，曾經是坊間對於性行為的粗鄙用詞，似乎與色情交易有關。另外還有一種說法是，Jazz源自新奧爾良（New Orleans）的蒸氣船所發出的聲響，當時爵士樂團在蒸氣船上表演是非常普遍的現象。也有人認為Jazz一詞是白人用來形容黑人的音樂，將爵士樂與賣淫或是其他粗鄙的字義相連，可以反映當時許多白人對於「黑佬」音樂的不屑態度。

爵士樂Jazz這個字到底是誰創造這個名稱？筆者比較贊同：因年代久遠，已不可考！連當時很多正在從事爵士樂表演工作的爵士音樂家（例如：Louis Armstrong……等）都不太清楚，他們演奏的音樂叫做Jazz！爵士音樂家們只是想要利用自己最真誠的靈魂生命，來詮釋自己所創作的「音樂型態」。最後也不知道經過一段時間之後，被大家熱愛也造成轟動！更受到媒體的注意。

二、爵士有別於其他音樂的風格

1. 彈奏者就是編曲者，Jazz Players可自行決定所有的演奏音符而不受干擾。

2. 較簡易的曲式架構：前奏－主題旋律－即興演奏－主題旋律－尾奏。

3. 旋律強調變奏。

4. 強調即興演奏，是爵士樂中演奏時間最長的部份。太長的古典音樂之旋律主題會被截取，演奏時間不足部份加上彈奏者自己的即興演奏。

5. 喜愛利用套鼓來作律動節奏伴奏，將強音記號落在第2拍與第4拍，又常強調後半拍的音符使切成，並將二個等拍值的八分音符，扭曲彈成前長後短的搖擺8分音符。

6. 旋律總小節較固定；標準曲Jazz Standards 32小節（A-A-B-A）或12小節（A-A-B）Blues風格曲式。

7. 獨奏樂器偏愛使用Sax（薩克斯風）及Trumpet（小喇叭）。

8. 低音大提琴利用撥奏Walking Bass的方式來伴奏。

9. 與古典音樂一樣有著各種不同的爵士派別。（Ex：Blues、Ragtime、New Orleans Jazz、Big Band Swing、Bop、Cool、Hard Bop、Bossa Nova、Latin Jazz、Free、Fusion Jazz……等。）

綜合以上幾點，一起構成有特色的Jazz音樂型態。

三、當古典遇到爵士

古典與爵士的差別，籠統來說是：1.地域、2.最初演奏者與聆聽者的經濟地位與文化水準的不同，造成演奏型態、音樂精神的不同。

被泛稱為古典音樂的管弦樂團、歌劇等，都是在高貴豪華的場所演出的，團員們穿著高雅得體，音樂也以華美、豐足為尚，有些會具有很強烈的故事性與高潮起伏，聽眾都是當時的上流社會人士；爵士樂與藍調都是起源於黑人，正確來說是黑奴，是當時社會最低階層的人，不管是演奏者還是聆聽者，常常都是穿著牛仔褲跟破汗衫，有時臉上的煤屑都還沒有洗乾淨，他們是唱給自己跟別人高興的，因為生活很困苦，所以音樂中會充滿各種灰色或是苦中作樂的心情。雖然後來生活改善了，爵士樂也漸漸成為流行，演奏爵士樂的人也逐漸穿起西裝打起領帶，但是那種音樂的精神還是被保留下來。

以音樂的角度來說，每種音樂都是由三大元素所組合而成。分別為：節奏、旋律、和聲。這也能解釋為什麼每種音樂聽起來給人的感覺都不一樣。

以「節奏」來說，古典樂的重音基本上都在1、3拍；而爵士樂則著重在2、4拍。而「旋律」講的是音階的用法，通常我們的鋼琴是由12個鍵重覆組成。

例如A大調音階：將A鍵暗標示為1，A#為2，B為3，C為4，C#5，D為6，D#為7，E為8，F為9，F#為10，G為11，G#為12，最後又回到A（1）。

古典樂通常都用1、3、5、6、8、10、12音階來彈出音樂；爵士始祖Blues則用：1、4、6、7、8、11。也因為音階本身使用的不同，所以旋律聽起來給人的感覺也就有所差異。

四、和聲

　　最後講的是「和聲」。古典樂常使用羅馬字表示和弦；而爵士用阿拉伯加上英文來表示。為什麼表示的方法不一樣？也只能大約說出時代的不同，所以表示的方法也有所不同囉！

芳香療法於運動傷害之運用

杜光玉、張育誠、乃慧芳

杜光玉：嶺東科技大學體育室副教授，國立台灣體育大學體育
研究所碩士，研究專長：運動教育學、身心壓力管
理。

張育誠：中華大學科技管理研究所博士侯選人，研究專長：資
訊管理、觀光休閒。

乃慧芳：國立台灣體育學院競技運動學系講師，國立台灣體育
大學教練研究所碩士，研究專長：田徑訓練法、運動
教練學。

一、前言

　　根據考古學家考證所得，人類曉得利用藥草植物來治療疾
病，至今已有八千年的歷史（曾俊明，2003），20世紀法國化
學家Gattefosse，在實驗室中遭遇爆炸意外，因此意外發現薰衣
草精油的療效，亦激發了Gattefosse研究薰衣草精油的興趣，並
撰著了一本名　《Gattefosse' Aromatherapy》的書，因而創造了
Aromatherapy（芳香療法）這個名詞。

　　由於精油療效分子藉由嗅覺細胞傳遞至間腦邊緣系統，
從而刺激該系統而產生相對的療效，因此舉凡與間腦邊緣系統
八大功能（心跳速度、血壓、呼吸系統、記憶、學習、荷爾

蒙分泌、細胞再生及壓力舒解）有關之症候，一般而言，實施芳香療法都會有令人滿意的效果（曾俊明，2003）。至今，包括法國、英國、伊朗、澳洲、美國、南非、德國、瑞士等國，醫學界早已對芳香療法進行各項臨床試驗，具相當成效。西方先進國家的醫學界，也已將芳香療法視為正統醫學的輔助治療（Complimentary Therapy）（曾俊明，2003），及健保給付項目。芳香療法不再只是單純的吸嗅芳香味道而已，藉由混合純植物精油，運用薰蒸吸入、沐浴、按摩等方式，將芳香分子導入人體，藉以提高人體自癒力及再生能力，進而達到預防及治療的功效。

近年來，由於工業社會到高科技產業的蓬勃發展，國人的生活品質提升，進而對醫療保健重視，平均壽命大幅提高。自從週休二日的到來，國人意識到身體健康的重要，紛紛走入戶外，希望藉由運動找回健康，因而運動人口急速的上升。然而，在國人進行運動時，可能會因熱身不夠、運動保健觀念、技術錯誤及環境不熟悉等原因，容易發生因運動所產生的運動傷害，而遇到運動傷害該如何有效的處理，則是所有參與運動的人所應了解的重要課題（張妙瑛等，2004）。

本文經文獻探討後發現，幾乎所有的芳香療法書籍皆會探討芳香療法對神經、肌肉等之建議配方，而芳香療法具有低副作用、便利以及身心同時療癒等特性，因此，本文將在運動中常見之傷害類型及其相對應之芳療配方彙集整理，希冀提供對此領域有興趣之讀者參考資料，進而起　磚引玉之效。

二、芳香療法於運動傷害之運用

本部份分別介紹各類運動傷害症狀、國內外專家學者們針對該運動傷害所適用之配方、使用方法及注意事項，讀者可視

己身狀況並配合醫師及專家指示參酌使用。然而，本文所列內容並未包括需要立即就醫診治的嚴重症狀，例如由意外而導致的骨折或骨頭斷裂等，若為此類緊急狀況時則需要立即就醫。

（一）扭傷

1. 症狀說明：扭傷是指關節的傷害，物別是關節周圍的韌帶與關節囊，因過大的拉力牽扯而造成破裂或缺損，例如常見的踝關節扭傷（黃啟煌等，2003）。關節周圍會出現疼痛及柔軟的組織，通常會伴隨腫脹和瘀青（牛爾，2007）。

2. 適用配方：
   （1）滇香薷4滴＋迷迭香2滴（曾俊明，2003）。
   （2）甜馬喬蓮4滴＋迷迭香2滴（林艷秋，2002）。
   （3）羅馬洋甘菊、德國洋甘菊、絲柏、尤加利、天竺葵、薰衣草、馬鬱蘭、松、迷迭香、岩蘭草（牛爾，2007）。
   （4）薑7滴＋肉豆蔻6滴＋丁香1滴＋30ml植物油（朱慧媛，2008）。

3. 使用方法：冷（冰）敷或調和基礎油後按摩患部的上方或下方（勿直接按摩在患部）以增體液引流（曾俊明，2003）。

4. 注意事項：冰敷3天，每日3次（朱慧媛，2008），保持患處休息不動，將傷處的肢體抬高，以免過多體液淤積（可用枕頭或軟墊支撐肢體）。

（二）拉傷

1. 症狀說明：拉傷是指肌肉或肌腱因過大的外力或肌肉收縮而造成破裂與缺損，例如常見的背肌與大腿後肌拉傷

（黃啟煌等，2003）。凡是涉及急速衝刺或突然起動的運動都容易引起拉傷。常見的例如籃球、足球、棒球、網球、羽球、短跑……等等。

2.適用配方：

（1）羅馬洋甘菊、德國洋甘菊、絲柏、尤加利、天竺葵、薰衣草、馬鬱蘭、松、迷迭香、岩蘭草（牛爾，2007）。

（2）佛手柑、甘菊、丁香、絲柏、天竺葵、牛膝草、薰衣草、茶樹、迷迭香（曾俊明，2003）。

（3）薑4滴＋丁香2滴＋肉豆蔻2滴＋羅馬洋甘菊4滴＋30ml植物油（朱慧媛，2008）。

3.使用方法：冷敷或冰敷，一旦浮腫改善，改採精油熱水泡澡（最多可用8滴純精油及9茶匙（45ml）海鹽，接著進行精油按摩，此外，精油藥膏也能幫助治療（牛爾，2007）。

4.注意事項：保持患部的休息是治療的關鍵，如果手臂或腿部拉傷，記得時常將傷肢抬高至心臟以上的位置，以免過多體液淤積，並可用枕頭或軟墊來支撐傷肢。

（三）痙攣

1.症狀說明：這種肌肉的異常現象是因為肌肉出現劇烈而不自主的收縮所造成，容易發生在訓練不足而過分運動的人。痙攣發生時，肌肉堅硬疼痛難耐，往往無法立刻緩解，如果處理不當，可能會導致肌肉的損傷（黃啟煌等，2003）。

2.適用配方：

（1）滇香薷3滴＋甘菊2滴＋柑橘2滴（曾俊明，2003）。

（2）羅馬洋甘菊2滴＋甜馬喬蓮3滴＋橘2滴（林艷秋，

2002）。

（3）迷迭香4滴＋牛膝草2滴＋薰衣草2滴＋馬鬱蘭4滴＋
30ml植物油（朱慧媛，2008）。

3.使用方法：每晚使用泡澡。或將上述精油配方加入15ml
的基礎油混合後，在晚上塗　，第二天晚上則可減少用
量，到最後可減至一個星期使用兩次。若痙攣又再犯，
才需要增加使用的次數。

4.注意事項：如果肌肉發生痙攣的情形，則應該避免用
力，並伸展痙攣的肌肉。伸展肌肉時應該將肌肉緩慢且
持續的拉長，或將肢體與關節擺在伸長的姿勢之下，以
避免肌肉持續的強直收縮，這樣可以預防再度痙攣或肌
肉拉傷（黃啟煌等，2003）。

（四）膝蓋軟骨受傷

1.症狀說明：通常傷害到膝蓋軟骨，也許是運動的意外傷
害所造成，例如錯踢踩空的姿勢，走路不慎失足、或是
做體操扭轉身體時重心集中於一隻腳上。膝蓋周圍疼
痛，比較常發生於內側，不容易將膝蓋打直，關節處可
能會有體液淤積而造成腫脹（牛爾，2007）。

2.適用配方：

（1）丁香3滴＋薑4滴＋肉豆蔻4滴＋30ml植物油（朱慧
媛，2008）。

（2）羅馬洋甘菊、德國洋甘菊、絲柏、尤加利、天竺
葵、薰衣草、馬鬱蘭、松、迷迭香、岩蘭草（牛
爾，2007）。

3.使用方法：冰敷，以按摩油按摩患部的上方或下方（勿
直接按摩在腫脹處）以增體液引流。

4.注意事項：冰敷時，用繃帶將膝蓋固定住，以免到進一

步的傷害。但不可纏太緊以避免造成不適或是血液循環
受阻，盡量將膝蓋抬高以避免體液淤積。

（五）滑液囊炎

1. 症狀說明：滑液囊炎是因為滑液囊受到過量的摩擦或撞
擊等刺激所引起的局部發炎。由於滑液囊炎的位置多半
是在身體較為凸出或常受到大量應力的部位，常常容易
因為撞擊或過分摩擦而發炎，其一般的症狀是局部組織
出現紅、腫、熱、痛（黃啟煌等，2003）。

2. 適用配方：

（1）各5滴的迷迭香＋天竺葵＋白千層或尤加利，以及
10ml的大豆油（羅竹茜，1999）。

（2）杜松5滴＋羅馬洋甘菊10滴＋絲柏15滴＋30ml植物油
（朱慧媛，2008）。

3. 使用方法：將上述混合精油輕輕按揉在發炎處。

4. 注意事項：平時盡可能地活絡這個滑液囊部位，做一些
工作上不會用到的動作，例如打字員應該經常展開手
指，讓它們放輕鬆（朱慧媛，2008）。

（六）肌肉酸痛

1. 症狀說明：如果是新近外傷或是纖維組織發炎所導致的
肌肉酸痛，則會明顯感覺疼痛而刺激。舊的外傷或是慢
性肌肉拉傷疼痛感較不強烈，關節處可能會感覺比較僵
硬（羅竹茜，1999）。

2. 適用配方：

（1）按摩：曾俊明（2003）指出，按摩是芳香療法師最
常使用的方式。按摩可以放鬆肌肉、加速血液及淋
巴循環、安撫心靈；按摩加芳香精油之療效，功效

加倍卓越。芳香按摩可以提昇精力、減輕壓力引起之徵狀、解疼痛，而且還有額外的護膚功能。

A.特級冷壓純橄欖油50ml＋黑胡椒10滴＋芫荽12滴＋葡萄柚6滴＋薑2滴（牛爾，2007）。

B.迷迭香5滴＋天竺葵2滴＋杜松1滴＋荷荷芭油5ml＋橄欖油5ml（安敏，2006）。

C.杜松果2滴＋迷迭香2滴＋純淨水100ml（安敏，2006）。

D.德國洋甘菊3滴＋薰衣草1滴＋橄欖油20ml（安敏，2006）。

E.甜馬喬蓮2滴＋德國洋甘菊3滴＋黑胡椒2滴＋7ml純植物調配乳＋3ml金盞花油（陳秀麗，2004）。

F.尤加利5滴＋薄荷5滴＋薑5滴＋1湯匙植物油（朱慧媛，2008）。

（2）泡澡

A.尤加利5滴＋馬鬱蘭5滴（安敏，2006）。

B.檜木5滴＋佛手柑5滴（安敏，2006）。

C.鼠尾草2滴＋薰衣草3滴＋檀香1滴（陳秀麗，2004）。

D.馬鬱蘭3滴＋檸檬2滴（朱慧媛，2008）。

3.使用方法：

（1）按摩：先行清潔身體，將肌膚上的水份擦乾後，再將調配好的按摩油以各式按摩手法進行全身或局部按摩。

（2）泡澡：曾俊明（2003）指出，用精油泡澡是最簡便也比較享樂的使用方式。先在浴缸外將身體清洗乾淨後，將純精油滴入六至十滴，稍攪拌即浸泡十分鐘，如為加強效果，尚可在浴缸內從事簡單的自我按摩。

4.注意事項：肌肉酸痛時休息是最佳的良藥，隨後應該泡個熱水澡、做按摩。如果疼痛久久不退，你的身體極可能已經受傷了（朱慧媛，2008）。

三、結語

　　Valerie指出，芳香療法不僅可以治療運動傷害，而且還能紓解疼痛，使肌肉健康（朱慧媛，2008）。但芳香療法至目前為止仍被視為一種輔助療法，在使用芳香療法做治療前，必須請教醫師及專業人員，使用者應當審慎行事。運動傷害依其嚴重程度必須各有適當的處理方法，芳香療法、RICE及PRICE只適用於一般較為不嚴重的運動傷害，當傷害程度嚴重時必需緊急送醫處理。

參考書目

牛爾（譯）（2007）。芳療聖經。臺北市：商周出版。（Chrissie，W.，1996）
安敏（2006）。植物精油大全。臺北縣：三意文化。
朱慧媛（譯）（2008）。芳香療法配方寶典。臺北縣：世茂。（Valerie，A. W.，1990）
李靖芳（譯）（2002）。芳香療法大百科。臺北縣：世茂。（Patricia，D.，1988）
林艷秋（2002）。百年芬芳－精油療法ＤＩＹ。臺北市：時報文化。
陳秀麗（2004）。草本芳療生活全書。臺北市：尚書文化。
張妙瑛、呂香珠、盧俊宏、闕月清、黃月嬋、邱靖華、林明宏、黃憲鐘（2004）。運動健康管理。臺北市：全華科技。
曾俊明（2003）。芳香療法：理論與實務。臺北縣：華立圖書。
黃啟煌、王百川、林晉利、朱彥穎（2003）。運動傷害與急救。臺中市：華格那。
羅竹茜（譯）（1999）。芳香精油治療百科。臺北縣：世茂。（Daniele，R.，1991）

科技與生活
——淺談筆電、觸控與電子書

馮曼琳

嶺東科技大學資訊管理系助理教授，美國佛羅里達州霖恩大學
博士；專長為電子商務、資料庫管理與實務，研究方向為電子
商務、資訊教育、數位學習等相關領域。

一、筆記型電腦與生活

　　2009年的資訊月以邁向智慧生活為主題，訴求綠能、電
子書、觸控、網路應用，09年引爆小筆電、輕薄筆電、智慧型
手機等話題，2010年則是由Windows 7觸控電腦與電子書閱讀
器兩大新寵吸引消費者注意。在各大廠計畫推出電子書閱讀器
進軍電子書市場下，包括中華電信、富士通、華碩、宏碁、明
基、Sony等展出相關產品，在宏碁推出全球首款3D螢幕Aspire
（Aspire 5738DG）筆電後，該新型筆電具有Acer TriDef 3D技
術，透過3D立體螢幕，結合3D立體眼鏡的左右眼視覺像差原
理，創造出令人驚艷的3D立體觀賞體驗，目前正在上映的電
影《阿凡達》也是利用3D效果製作而成，另外華碩也首賣第
一款3D電腦G51J3D，3D電腦成吸精焦點之一，宏碁、華碩、

Sony、Nvidia等品牌廠商都有最新的3D產品亮相。此外，華碩的第一台多點觸控小筆電T91也將上市，雙A（Acer和Asus）又將展開新一回合的大戰。

根據倪嘉鴻（2003）的筆記型電腦購買原則，消費者購買筆電的原則如下：

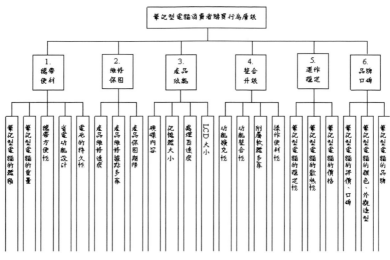

圖一：消費者購買筆記型電腦的原則（洪嘉鴻，2003）

二、2010年的筆電市場具有以下的趨勢

1.輕省筆電

除了小筆電風潮之外，市場上多了強調輕薄省電的CULV筆電，小筆電以10吋、11吋為主流，而輕薄筆電則從12吋到15吋都有機型可供使用，所謂CULV筆電的特點是輕薄與長效力，目前大多搭配Intel Core 2 Solo SU3500，Intel Core 2 Duo Su9400，

及Core 7300為主要處理器，筆電有些使用者會希望使用的效能高、強，因此傳統筆電仍有不少使用者使用，目前傳統筆電以Intel Centrino 2為主，輕省筆電分為三種：（1）是迷你筆電（2）CULV筆電（3）迷你桌機，雖然輕省是市場趨勢，但回歸到採購，仍以個人需求為主要考量，使用者可先規劃個人的使用需求及目的，並衡量個人的經費考量來規劃可購買的電腦。

2.觸控電腦與螢幕

　　根據DisplaySearch最新針對面板發展藍圖研究發現，觸控與3D技術對於Notebook PC與顯示器面板發展正發揮影響力，前五大面板製造商紛紛開發具3D與觸控功能的面板；研究顯示2010年具觸控面板與3D顯示技術在各面板廠家關於IT面板發展藍圖中扮演非常重要的角色。隨著Windows 7推出與對未來市場影響力，2010年多數面板廠商針對Notebook PC市場積極開發具觸控功能11.6吋寬螢幕面板，同時每一家生產迷你筆電面板廠商也都開發具有觸控功能面板。奇美是所有面板廠中最積極開發具3D顯示與觸控功能顯示器面板的廠商，目前23.6吋寬螢幕3D顯示面板已經量產，接下來23.6吋寬螢幕與27吋寬螢幕具觸控功能面板也將在2010年第一季量產。除了奇美以外，Samsung、LGD與AUO也都在開發具3D顯示與觸控功能顯示器面板，估計2010年都將有新產品量產。從表二可以更加清楚瞭解主要廠商開發具觸控功能顯示器面板時間表。

　　Windows 7上市後，配合Windows 7上市，惠普同步推出改版的多點觸控平板筆記型電腦TouchSmart tx2-1301AU；宏碁也發表了11.6吋可旋轉的觸控平板電腦Aspire1420P和多點觸控All-in-one電腦Aspire Z5610。除了華碩表態會將觸控功能放進9吋、10吋、11吋的迷你筆電以外；惠普的新一代迷你筆電，也會推

出平板的觸控機種。雖然有些消費者認為觸控迷你筆電使用效益不彰，但觸控仍為一個市場上的趨勢。

3.節能減碳電子書

隨著節能減碳環保議題持續發酵，耗電極低又具有替代印刷品功能的電子紙也跟著發燒。近二年兩大公司SONY新力與Amazon亞馬遜網路書店雙雙推出電子書閱讀器，富士通開發的電子紙已具備顯示4096色的能力，電子紙目前的售價還偏高，但電子紙充一次電就可以用2、3個星期，做為報紙、書籍的載體都有很合適，未來2、3年可望迅速成長。業界預估，2012年可望突破1億台，屆時單價會壓到台幣3000元以下。透過無線網路傳輸，報紙、雜誌、書籍、文件電子紙是指可同時具有「像紙一樣的輕便」、「像螢幕一樣可以改變內容」兩大特點的顯示媒體，比電腦螢幕省電、比筆電方便，但主要用途還是在閱讀顯示上。電子紙的原理靠磁性把影像固定在螢幕上，改變磁性時就會更動影像。和電腦螢幕不同的是，電子紙螢幕上的影像固定後就不再耗電，直到下一次翻頁才會用電，這也符合閱讀的情境，能比筆記型電腦有更長的顯示時間。

電子書有可能取代紙本嗎？學者認為，兩者使用方式和習慣不同，以傳播媒介發展歷史來看，任何媒介都有難以取代的特性，電子書的出現可能使紙本轉型，但不會使紙本消失。任何新科技出現，使用者都需花時間適應，許多習慣已經養成，就很難改變。網路電子報出現時，許多人也擔心紙本報紙會消失，但網路有其媒介特性和侷限，如文章傾向輕薄短小、深度不夠，連結過多，導致讀者採取跳躍式閱讀，容易略過細節。研究顯示，若長期依賴網路閱讀，易使人在耐心、專注力、邏輯思考等部分訓練不足，對孩童養成教育不利。電子書出現後應走向影音化，而非單純文字呈現，紙本書籍和平面報紙則繼

續維持深度、綜合性、版面呈現等優勢。

　　「電子書」，顧名思義就是數位化書籍，它必需經由某些機器才能閱讀內容，我們可以到網路下載喜歡的書，到個人電腦或者PDA等各種閱讀載具中觀看。2000年3月，美國的恐怖小說家－史蒂芬‧金的作品「騎乘子彈」開始在網路上販賣，消費者只要付些許費用就可以下載閱讀。這是以電子書方式販售作品的知名作家首例，在出版不到一天就大賣四十萬本，使得全球出版商大為震驚，認為出版業即將面臨一場銷售革命。在過去，大家一定想像不到，可以用這樣的方法閱讀，而到了現在，已經越來越多人加入製作電子書的行列，舉凡古典文學、小說、漫畫、法律等，只要想得到，大都能發現電子書的蹤跡，種類相當齊全，足以迎合各類型的閱讀群眾。甚至，已經有許多熱心的網友，蒐羅到電子書的相關連結網址後，再將這些資料整合起來，架設一個網站，並且提供檢索系統，讓大家可以更容易搜尋到所需的資料，由於有這麼多得到新知識的途徑，所以，電子書就這麼漸漸流行起來。

　　儘管有這麼多家頗具規模的公司先後投入了電子書的市場，卻也有業者不看好這個市場，甚至消極地認為國內電子書市場五年內不會有好光景，後勢也有待觀察。原因在於電子書的閱讀界面是個人電腦或數位助理，皆為電子產品，很少有人可長時間閱讀而眼睛不覺得累。另一個則是著作權問題。史蒂芬‧金作品的加密技術在不到一個月的時間就被破解，拷貝轉貼在許多網站上。而網路上目前已經至少有一萬本以上的中文電子書可不必付費就可下載，所以如果出版社要成功地開發新興的這片網路市場，想必也要大傷腦筋。

　　其實電子書的概念，在歐美的先進國家出版業及電腦軟硬體業界已進行了許多嘗試，而在台灣還只停留在起步階段，如

果能夠急起直追，電子書的市場還是大有可為的！

參考文獻

1.倪嘉鴻，《筆記型電腦消費者購買行為之研究—以人台北地區
　居民為例》，國立臺北大學企業管理學系第四屆碩士論文，
　2003。
2.薄型NB對決華碩大反攻工商時報2009.04.01。
3.CULV處理器完全解讀Digitalhome 36。
4.谷歌搜尋引擎http：//www.google.com.tw。
5.雅虎搜尋引擎http：//www.yahoo.com.tw。
6.Pchome雜誌2009年1月-12月。

領導或領倒

呂欽武

嶺東科技大學企業管理系助理教授，美國愛達荷州立大學教育領導博士。研究專長：統計應用、人力資源管理、公司治理。

　　西元2008年總統大選馬英九競選團隊以「我們準備好了」為口號囊括了五成八選民的支持，創下中華民國總統大選得票率新高的光榮勝選紀錄，孰料就任後一年多以來，行政團隊與馬本人經常誤判形勢而表現出與民意嚴重脫節的荒腔走板，政論家南方朔撰文批評馬總統類似明朝崇禎皇帝缺乏膽識、智慧、能力，想同時討好所有人，結果問題越處理越多，媒體檢討批判的砲聲隆隆，被譏諷為「害命馬」的馬總統面臨民調支持率降到比「謀財扁」前任總統還低的難堪，「嗆馬」似乎已經成為一種國民應盡義務的全民運動，加上國民黨在立法委員補選一役中慘敗的雪上加霜，馬英九總統的領導威信正在快速崩解中，南方朔在香港明報撰文批判：「目前馬政府的治理無能症候群日益嚴重，人民的不滿仍在升高之中。而更嚴重的，乃是2010年台灣經濟仍充滿危機，尤其是貧富差距日益嚴重，這都會使馬政府幾乎不可能出現停損點。這也意謂著他想要2012年連任，問題已愈來愈大。他極有可能成為台灣從未出現過的一任而終領導人。」國民黨剛從在野翻身贏回執政，卻眼

睜睜看著風雲急速變色、政權岌岌可危，古有明訓：「一言興邦、一言喪邦。」轉用於現代管理的觀點可以對應為：「領導興邦、領倒喪邦。」如何做好正確的領導已經不僅是企業的必修課題，更是社會國家的首要之務，正所謂政治學的一句至理名言：「錯誤的決策比貪污更可怕！」

管子九守曰：「以天下之目視，則無不見也，以天下之耳聽，則無不聞也，以天下之心慮，則無不能知也。」一個知名的西洋童話描述皇后面對一面魔法鏡子問到：「魔鏡！魔鏡！誰是世界上最美麗的人？」魔鏡總是回答說：「親愛的皇后！世界上最美麗的人就是妳！」皇后聽了就很滿意的笑了。當主管的人常將周遭部屬當作魔鏡，問的問題也是雷同：「我親愛的同仁們！誰是世界上最成功的主管？」部屬總是言不由衷地回答：「親愛的老闆！世界上最成功的主管就是你！」主管聽了就會滿意的笑了。領導人的決策智慧與執行能力如同規律運轉的火車頭帶領全體員工往前邁進，若是火車頭經常停擺故障、不時需要喬東喬西，列車怎麼可能順利準點到站？「沒效率」經常是造成企業成本上升、業績低落、利潤下滑的主因，「護主心切」的忠心部屬通常會歸咎原因不外是：市場突然起了變化、大環境狀況不佳、或是顧客被別家企業搶走了、甚至把責任全部推給某一個單位主管、指責某人搞砸了整件事……等等不勝枚舉的「外在與下層因素」，說三道四就是不願意承認「領導人能力不足」，其實虧損衰敗企業的最大關鍵就在於領導人的決策與執行出了問題！道理很簡單：高瞻遠矚、知人善任、逢凶化吉的責任不就正是領導人所應具備與承擔的嗎?!

根據國際策略諮詢專業享有盛名的貝恩顧問公司（Bain and Company）所進行的一項研究發現，重視並考核優秀領導者管理的企業，每年讓投資人獲取的投資利潤，比完全未進行這項評估工作的企業高出百分之十，因此，高效能的領導管理

與企業經營績效是直接相關的，企業若能確實將對的人放在對的位置上，其整體績效一定超越其它未能人盡其才的企業。重點是：企業如何進行有效能的領導管理？貝恩公司顧問分析指出：培育優秀領導者的工作，不只是設立「企業大學」或送他們去上哈佛大學的企管課程，領導的發展程序必須具備二項條件：一是企業執行長必須全力負起培養主管的責任；二是設定主管的績效目標，同時提供達成目標的資源規劃。領導者的發展策略可劃分成「供給」（Supply）、「實現」（Fulfillment）與「佈署」（Deployment）三階段，所謂領導者的供給，指的是找出具備領導特質的人，並透過內部與外部訓練發展其潛能；實現是指激勵領導者承擔挑戰，並達成企業策略的目標；佈署則是讓對的人做對的工作，現代產業變化的速度太快，企業若要確保隨時讓對的人做對的工作，臨機應變的敏銳度格外重要，放錯人會立即對企業造成很大的傷害，三階段環環相扣，缺一不可。顧問舉例說：1990年末Marks & Spencer公司把優秀主管放在非核心事業上，導致主要事業部的產品市佔率急遽下降，十六位高階主管在二年內走了十五位，同時間股票價格暴跌了60％。

我們常說：身為一個領導者必須提出願景來鼓舞成員，讓部屬感受到工作是一種成就感而不是在浪費生命，進而發揮無限的潛能。但是有些不健全的領導者卻會因面臨到挑戰及挫折而產生不安與焦慮，導致領導熱情急速冷卻、甚至委靡不振、一蹶不起，連帶引發人心的渙散恐慌與組織的崩潰瓦解。事實上，領導者要能成功引領他人，的確需要高人一等的心理素質，也就是藉由樂觀、積極、不畏艱難的勇氣與信念，不斷累積具有凝聚人心的領導能量。被尊稱為「科學管理之父」的弗雷德里克·泰勒（Frederick Winslow Taylor）評論「領導者素質」指出：「一個領導者應該具備九種品德：腦力、教育、專門知

識或技術知識和手藝或體力、機智、充沛的精力、毅力、誠實、判斷力或常識、良好的健康狀況。」此外，被尊稱為「管理過程之父」的亨利・法約爾（Henry Fayol）認為：身體、智力、道德、一般文化、專業知識和經驗是領導者不可缺少的素質。世界首富、微軟公司總裁比爾・蓋茲（Bill Gates）回答「一個領導者該具備什麼樣的素質」問題時強調：「領導者當然要有領導的才華，但最為重要的應該是領導者的人格魅力。首先，你應該把你的技能傳授給手下的工作人員，並且把他們培養成比你更能幹的人。第二，你要有鼓舞士氣的能力。你要有讓手下員工都覺得在從事的工作中他們起到了重要的作用，他們不僅對公司還是對顧客都是如此重要。一件大事做成之際，參與其中的每個人都要有一種自豪感。第三，領導者的人格魅力都是在工作中展現出來的，所以，你應該經常親自參與某些專案。做為領導者，你要做的不僅僅是交流，人們最不願接受的是那種只知道分派任務的老闆。你可以不時承攬一些艱巨的任務，給員工們做出應如何面對挑戰的榜樣，以此證明你的能力。第四，請不要重複做相同的決定，每一次決策就應不惜時日、深思熟慮地做出妥適的決定，這樣你就不必重新考慮這個問題，假如你情不自禁要再度考慮，那不僅會干擾決策的執行，還會打消你的積極性。最後，也是最重要的，應該讓員工知道自己該去取悅誰，你的人格魅力就是吸引他們來取悅你的唯一保證。」

近三十年來，美國蓋洛普公司長期追蹤超過100萬個工作團隊、訪談2萬位領導者和1萬位部屬之後，寫成《領導的力量》（Strengths based Leadership）一書歸納出最優秀且最績優的領導者必須做好三件事：持續投資自己的長處、圍繞在身邊的是「對的人」、深刻瞭解自己部屬的需求。蓋洛普的研究顯示：當領導階層無法注重員工的個人長處時，只有9%左右的員工會

認真投入工作；當領導者優先關注員工長處時，員工投入的程度會升高到將近73％（8倍的顯著成長）。當績優領導者著重於自己的長處並在上面再投資，就會形成一種自我強化循環，帶來所謂的「累積效益」，讓他們在事業發展上得以持續成長，而當他們的成功經驗愈豐富，未來的表現就愈好，良性循環的結果促使個人及組織的成長幅度也愈高。就領導團隊而論，雖然所有人都知道組成團隊必須找到「對的人」，但事實上這是很難克服的人性弱點，也就是領導者在組織團隊時，通常會選擇與他同質、易溝通、無摩擦的人，這是一種風格上的近親繁殖，容易造成領導階層思考模式的僵化失衡以致引導出偏狹的錯誤決策。此外，能讓大眾維持高昂熱忱追隨領導者的唯一方法就是必須時時牢記並徹底實踐領導者的誓約（政見），其中包括三項要素：信任、同理心、希望；亦即領導者必須用具體行動證明不論在任何困難情況下始終表裡如一、信守承諾，恆續向追隨者傳達由衷的關懷與照顧，戮力使追隨者切身感受到領導者有誠心並有能力開創美好的未來。

　　以上歷歷事證與研究結論相對應於台灣政壇現正發生的領導危機，不啻是最貼切的脈絡與藥方，「領導」或「領倒」音雖同、格調與結果卻是完全互斥，一字之差天壤地別，上位者的一念之間也造成「高」「下」立判、「勝」「敗」殊途！個人榮辱事小、黎民生計事大，豈不惕之！慎乎！

馬可·波羅的傳奇之旅

羅仕杰

中國文化大學史學研究所博士，主要研究領域為秦漢史及簡牘學，現為嶺東科技大學通識教育中心助理教授，目前任教科目包括「中西文化交流史」、「古代中國禮制與風俗」、「史記選讀」、「漢書選讀」等課程。

一、前言

馬可·波羅的父親Niccolò（Nikola）和叔叔Matteo（Mate）是有名的貿易商人，兩人1255年出發向東，在1264年碰到元朝派往西方的使者，決定到契丹（中國）。1266年兄弟兩人到達汗八里（今北京），見到元世祖忽必烈。忽必烈寫了一封信給教宗，託波羅兄弟帶回羅馬，請教宗派人到中國，告訴中國人關於歐洲人的生活方式。

兄弟兩人回到義大利，拿到教宗格列高里十世給忽必烈的回信，1271年返回中國。這一次Niccolò帶了他十七歲的兒子馬可。1275年一行抵達蒙古帝國上都和林，隨後又抵達大都（北京）。根據書中的記載，馬可的聰明非常討忽必烈喜歡，封他許多官，也派他以大汗使者的身分前往各地辦差。馬可·波羅因此得以見識中國各地風俗和比歐洲先進的文化成就。

波羅一家人在1295年回到歐洲，定居威尼斯。當地人很喜歡來聽他們講述在中國的經歷，但是大多數人對他們說的奇人怪事並不完全相信。

1296年馬可‧波羅參加威尼斯與熱那亞之間的海戰，戰敗被俘。馬可‧波羅在熱那亞監獄裏講他在中國的經歷給獄中的同伴魯斯蒂謙（Rustichello of Pisa）聽。1298年魯斯蒂謙完成此書後深受大眾歡迎，經過不斷的傳抄，至今尚存140餘種涵蓋其他歐洲語言的抄本、印本、節本（可惜魯斯蒂謙原始抄錄的版本早已失傳）。

雖然馬可‧波羅家人並非第一個到中國的歐洲人（如教宗特使柏郎嘉賓早在1246年就已經到過蒙古帝國上都和林），但是其遊記卻是當時歐洲人最詳細的亞洲旅行記錄。這本書對於西方世界的影響非常大，哥倫布就是受到這本書的影響，才有機會發現美洲新大陸。

二、馬可‧波羅書中的奇聞趣談

馬可‧波羅書中有不少引起歐洲人驚異的奇聞趣談，茲引《馬可波羅行紀》一書部份內容以說明之：

97章：大汗用樹皮所造之紙幣通行全國

在此汗八里城中，有大汗之造幣局，觀其置設，得謂大汗專有方士之點金術。……此幣用樹皮做之……此種紙幣之上，鈐蓋君主印信，由是每年製造此種可能給付世界一切帑藏之紙幣無數，而不費一錢。既用上述之法製造此種紙幣以後，用之以作一切給付。凡州郡國土及君主所轄之地莫不通行。

99章：從汗八里遣赴各地之使臣鋪卒（驛站規模）

每驛有一大而富麗之邸，使臣居宿於此。……此種驛站中備馬，每站有多至四百匹者。有若干站僅備兩百匹，視各站之需要而為增減。蓋大汗常欲站中存有餘馬若干，以備其所遣使臣不時之用。應之諸道之上，每25哩或30哩，必有此種驛站一所。

151章：瓜州城（大運河）

此城屯聚有穀稻甚多，預備運往汗八里城以做大汗朝廷之用，蓋朝中必需之穀，乃至此地用船由川湖運輸，不由海道。大汗曾將內河及湖沼連接，自此城達於汗八里，凡川與川間，湖與湖間，皆掘有大溝，其水寬而且深，如同大河，以為連接之用。由是滿載之大船，可從此瓜州城航行至於汗八里大城。

155章：蠻子國都行在城（杭州）

城中有一大湖，周圍廣有30哩，沿湖有極美之宮殿，同壯麗之邸舍，並為城中貴人所有。居民是偶像教徒，自經大汗經略以後使用紙幣。彼等食一切肉，基督教徒絕不食之狗肉及其他賤畜之肉亦食。此行在城中有浴所3000，水由諸泉供給，人民常樂浴其中，有時足容百餘人同浴而有餘。

此地之人有下述之風習，若有胎兒產生，即誌其出生之日、時、生肖，由是每人知其生辰。如有一人欲旅行時，則往詢星者，告以生辰，卜其是否利於出行，星者偶若答以不宜，則罷其行，待至適宜之日。

人死焚其屍，設有死者，其親友服大喪，衣麻，携數種樂器行於屍後，在偶像前作喪歌，及至焚屍之所，取紙製之馬匹、甲冑、金錦等物並屍共焚之。

三、馬可‧波羅書中的疑點

1. 馬可‧波羅書中提及其曾任揚州總管三年，並歷次擔任大汗欽差出使雲南、印度、波斯，然書中關於揚州的記載卻極為簡略，其他記載亦未見於任何漢文史籍中。
2. 書中充滿許多可疑的統計資料，對成吉思汗死事及其子孫世系的記載很不準確。
3. 馬可書中有關中國的記載有多處遺漏：筷子、茶葉、婦女纏足、萬里長城、漢字、書法、印刷術、用鸕鷀捕魚……
4. 地方名多用韃靼語或波斯語。
5. 攻陷襄陽城一節，時間明顯有誤。書中149章描述蒙古圍攻襄陽城時記載因為波羅與父、叔三人獻計製作投石機才攻破襄陽城。可是根據正史所說，襄陽圍城早在1273年之前就結束了，而馬可‧波羅卻在1273年後才來到中國。

除此之外，波羅書中還記載了許多荒誕不經之事，茲舉二例如下：

1. 171章小爪哇島：南巫里國有生尾之人，尾長至少有一掌而無毛。此種人居在山中，與野人無異，其尾巨如犬尾。
2. 173章案加馬難島：此案加馬難島民皆有頭類狗，牙、眼亦然，其面純類番犬。彼等頗有香料，然甚殘猛，每捕異族之人，輒殺而食之。

四、馬可‧波羅到過中國嗎？

1995年，英國學者Frances Wood博士撰寫出版的專著《馬可波羅到過中國嗎？》，全盤否定了馬可‧波羅到過中國的事實，引起了有關學者的關注和國內外傳媒的轟動。

南開大學楊志玖教授早在1941年夏，就發現《永樂大典》卷19418引元代所修《經世大典‧站赤》的一段材料可證實馬可‧波羅確實到過中國。將近40年後，楊志玖重新投入有關馬可‧波羅來華問題的研究，並完成《馬可波羅在中國》一書，對馬可‧波羅書中疑點一一提出解釋，並舉出兩條可透過中外史籍互證的史料證明馬可‧波羅確實來過中國。

其一，《馬可波羅行紀》中記載，東韃靼君主（即波斯的伊利汗國）阿魯渾（Argon）之妻卜魯罕（Bolgana）臨終遺命其后位非同族婦女不得繼承，阿魯渾汗允其請，遂派三使臣往元廷請婚。三使者的名字依次是：Oulatai，Apusca，Coja，元世祖忽必烈賜以十七歲少女闊闊真（Cocacin）。馬可‧波羅說，他一家三人即由海道護送使者及少女至伊利汗。馮承鈞先生譯此三使臣名字為兀剌台，阿卜思哈，火者，這和《站赤》公文中的三使臣的名字基本相同。此外，（波斯）拉施特《史集》書中亦簡要記載阿魯渾汗之子合贊迎娶闊闊真之事，說「遇到了火者及一群使者。」

其二，除了前引《經世大典‧站赤》的資料外，《馬可波羅行紀》152章「鎮江府城」提到一位男爵名馬薛里吉思（Mar-Sarghis）者：

> 鎮江府（Cingianfu）是一蠻子城市，……其地且有聶思脫里派基督教徒之禮拜堂兩所，建於基督誕生後之1278年，茲請述其緣起。

是年耶穌誕生節，大汗任命其男爵一人名馬薛里吉思
（Mar-Sarghis）者，治理此城三年。其人是一聶思脫里
派之基督徒，當其在職三年中，建此兩禮拜堂，存在至
於今日，然在以前，此地無一禮拜堂也。

馬薛里吉思（Mar Sargis），本是撒馬爾干的景教徒，後至
中國致力於基督教傳教事業，先後在杭州、鎮江等地修建了七
所寺院，並擔任了鎮江達魯花剌一職。《至順鎮江志·大興國
寺記》記載：「大興國寺，在夾道巷。至元十八年，本路達魯
花赤薛里吉思建，儒學教授梁相記。其略曰：薛迷思賢。在中
原西北十萬餘里，乃也里可溫行教之地。……今馬薛里吉思，
是其徒也。」

本文資料轉引自A.J.h.charignon注，馮承鈞譯，黨寶海新注，
《馬可波羅行紀》（河北人民出版社，1999年6月第1版）及楊
志玖，《馬可波羅在中國》，（南開大學出版社，1999年12月
第1版）

印巴的新愁舊恨
——孟買的恐怖攻擊事件
「2008.11.21-29」

劉承宗

政治學博士；專長於國際關係、恐怖主義及戰略。民國81年，國防醫學院聘為專任副教授；民國87年，經教育部學審會審核通過升等為教授。民國91年，應聘為嶺東科大國貿系專任教授；同時，又受聘為中華大學國貿系兼任教授。目前，為嶺東科技大學通識中心專任教授。

一、前言

　　2008年11月26日晚上，印度孟買大街傳來一陣緊似一陣的槍響、爆炸聲，10名恐怖份子手持武器，見人就殺。他們在印度金融中心等10處地點發動攻擊，並攻佔一個猶太中心、和兩家豪華旅館。恐怖攻擊的過程中，9名恐怖份子被擊斃、一人被捕。總結三天的恐怖攻擊，共造成174人死亡，孟買市的許多地標性建築物，均受到嚴重的毀損。

此次恐怖攻擊事件共有多少恐怖份子參與？攻擊者有多少人？什麼來歷？幕後主謀為何？恐怖份子隸屬那個恐怖組織？恐怖攻擊有無印度人作內應？是那些非法組織在事前協助偵查？又有那些團體、或個人協助提供通訊配備？總而言之，這是一個計劃周詳的血腥恐怖攻擊事件，不但事前有慎密的規劃，其用意亦頗為複雜。

二、恐怖事件之描述

11月21日傍晚，十名恐怖份子從巴勒斯坦喀拉蚩搭船進入印度海域。在搭快艇進入孟買市前，幕後首謀姆薩米（Yusuf Muzammil）曾用衛星電話與這些恐怖份子通話。唯一被活捉的恐怖份子卡薩姆（Ajmal Kasav）招供，姆薩米是這次攻擊行動的首謀。姆薩米的兩名副手共同負責協調、策劃，計劃以兩家5星級旅館及醫院、造船廠、火車站、人氣咖啡館、與猶太中心等，為恐怖攻擊的目標。恐怖份子先依計劃劫持漁船，並強迫船長開到孟買的外海，然後換乘氣墊快艇登陸。恐怖份子年齡介於20-28歲之間，都是年輕人；受過精良的訓練、能熟練地操作武器。他們使用RDX強力炸藥、AK-47步槍、和手榴彈，在孟買九個不同地點，先後發動了一系列的攻擊。恐怖份子攻擊時，不做選擇、見人就殺；旅館內的通道、房間、和太平梯，恐怖份子都瞭若指掌。最後，恐怖分子還和警察、特種部隊，發生了激烈的槍戰；槍戰中，孟買反恐特種部隊司令卡卡里（Hemant Karkare）身中三槍，他和另外十名印度軍警一起殉職。孟買恐怖攻擊共造成174名印度軍警、平民的死亡，15名警察分別受到輕、重傷。恐怖份子被擊斃9人，1人被活逮。

三、恐怖攻擊發生之緣由

孟買恐怖攻擊事件發生後，各方紛紛揣測其發生之緣由；綜合印、巴兩國的新愁舊恨，以及印巴經濟發展現況之互利互補，並深思巴基斯坦在美國全球反恐戰略扮演之角色；經審慎考量後，整理出下列幾點事件發生之緣由：

1. 印、巴喀什米爾衝突的延續。1947年，印巴脫離英國獨立後，已先後打過三場大規模的戰爭。2001年12月，五名男子持槍與手榴彈攻擊印度國會，當時數百名國會議員與部長正在開會；經過一小時的槍戰，攻擊者全在國會大廈門口被擊斃；印度方面，也有九名國會警衛殉職。這起攻擊事件導致印巴爆發衝突的危機，印度隨即向印巴邊界增兵，差點引發兩國第四次大戰。

2. 印度與英、美走太近。過去幾年，印度發生在境內的恐怖活動，傷亡一個比一個慘重。恐怖份子特別鎖定英美公民，這是反西化與國際化的抗爭。來自英國倫敦、現居香港的觀光客巴特爾說，恐怖份子當時一一盤問他們，到底是拿美國、或英國護照？目標顯然是外國旅客。據《印度時報》（The Times of India）的報導，歹徒在這家旅館約挾持了15人，其中7名為外籍旅客。泰姬瑪哈飯店是孟買市首屈一指的超級旅館，向來是外國旅客住宿的首選。這次恐怖攻擊發生時，正是新一屆「印度-歐盟峰會」年會即將召開之際。恐怖分子重點襲擊的場所，都是歐盟議員們預訂的高級旅館。據稱，恐怖分子一衝進餐館，立刻強迫正在吃飯的外國遊客報出國籍：凡自稱來自英美的旅客，一律就地槍決。從種種跡象來看，這次恐怖活動的直接目標可能是破壞印度-歐盟峰會，其次才是破壞印度在國際社會的形象。

3. 警告印度不可支持反恐。對美國而言，並不樂見印、巴衝突、以及所產生的地緣政治效應。首先，巴基斯坦是美國對付蓋達（Al-Qaida）組織的重要夥伴國，印、巴衝突將給予蓋達、及塔利班（Taliban）恐怖組織更多的生存空間。其次，將影響伊拉克、阿富汗美軍的轉進計畫；最後，中國與巴基斯坦的密切關係，進一步增加南亞區域的複雜性。「泰姬瑪哈」是阿拉伯語，意為「放置王冠（Taj）的地方（Mahal）」；事件本意在挑戰印度權威，給印度當局一個警訊。《國際先驅導報》透露，印度商會的合作夥伴中，目前已有5個外國代表團取消投資貿易考察的計畫，其中還包括一個中國的商業考察團。

4. 巴基斯坦自顧不暇。97年2月18日，巴基斯坦國會下議院選舉中，巴國前總統穆夏拉夫領導的政黨「穆斯林聯盟－領袖派」（Pakistan Muslim League-QA），大敗潰輸。這次勝利的政黨，叫「穆斯林聯盟－夏立夫派」（PML-Nawaz）。恰巧是8年前被穆夏拉夫政變推翻的執政黨，該黨黨魁就是夏立夫（Nawaz Sharif）。

　　巴國總統與國會是分開選舉的，而且先選總統，後選國會。總統選舉採間接選舉制，由國會與各省議會投票，舊國會當然一致投票給舊的總統。去年11月，巴國全國猶在戒嚴中，受穆夏拉夫操縱的巴國中選會24日公告：現年65歲的穆夏拉夫又當選總統，可以繼續再做5年。巴國新選出來的國會一向反對穆氏，穆夏拉夫的日子肯定不好過。國會新選出的內閣總理吉拉尼（Yusuf Raza Gillani），原本就與穆夏拉夫不和；今後「朝小野大」，巴國總統、總理、與國會的政爭，將永無寧日。

　　除在野最大黨「穆斯林聯盟－夏立夫派」外，反對

政府的還有96年底返國競選、旋即遇刺身亡，至今凶案仍未破的班娜姬‧布托（Benazir Bhutto）的「巴基斯坦人民黨（Pakistan People's Party，簡稱PPP）」。班娜姬死後，人民黨由她十九歲的兒子擔任主席，實際上則由其夫札達里（Asif Ali Zardari）領導。人民黨在今年二月選舉中，取得最多國會席次，領導組成聯合政府；隨後並與另一位前總理夏立夫聯手，迫使共同政敵穆夏拉夫在八月十八日辭職。另外，巴基斯坦內部的問題，多不勝數；貪污腐敗是常態，官愈大貪得愈多，習以為常。巴國一方面政爭頻仍，另一方面與阿富汗接壤邊界仍有神學士、蓋達組織不斷製造紛擾。內憂外患，巴基斯坦實自顧不暇。

5. 破壞印、巴和好，爭取基地生存空間。12月1日，印度內政部次長阿瑪德（Shakeel Ahmad）在接受英國廣播公司BBC訪問時表示，實施恐怖攻擊的暴徒全部來自巴基斯坦。印度偵訊唯一被生擒的恐怖份子後，宣稱已掌握伊斯蘭恐怖組織「虔誠軍」涉及孟買恐怖攻擊的證據，美國情報單位也確認此說；印度政府因而面臨極為沉重的壓力，要求印度政府儘速採取相對應的報復行動。巴基斯坦並未努力終結針對印度的恐怖活動；此舉已引發印度朝野極度的憤怒。印度總理曼莫漢（Mammohan Singn）誓言：行兇者、與策劃者，一定會付出慘痛的代價，並立即提昇印巴邊界至「戰爭層級」的警戒；巴國警告：一旦印度部隊集結於巴國邊界，巴基斯坦將撤回協助美國反恐作戰的部隊，以保護自己邊界的安全；屆時巴國將退出阿富汗邊境，停止協助美國掃蕩神學士、及蓋達恐怖組織。

6. 印度教與穆斯林長期不睦的延續。在印度，印度教信徒逾七億，穆斯林信徒有一億。印度內部長期面臨嚴重的社會問題，不同宗教群體、不同民族與種族之間的衝突，長期困擾印度經濟的發展和社會的穩定。印度教徒、與穆斯林信眾和錫克教徒之間的衝突，富人與窮人之間的衝突，少數民族與主要民族之間的衝突，高階種姓與低階種姓之間的衝突，林林總總，形成印度社會衝突的大拼盤。這次事件雖然震驚世界，但在印度歷史、或在孟買歷史上，既非空前，也非絕後。2006年7月11日孟買也發生過連環爆炸案，當時造成200多人死傷。相較於印度全境，孟買的狀況並不特殊；僅僅在2008一年裡，印度至少已有2322人死於各種恐怖攻擊。恐怖攻擊在印度已是家常便飯，規模小一點，還真引不起人們的注意。

7. 印度經濟全球化。因為經濟全球化，印度與美國、西方國家的關係日益密切；某些人反對這種趨勢，想阻止印度參與經濟的全球化。孟買的證券交易所在印度、和全球都佔有極其重要的地位，襲擊孟買實際上也是在攻擊印度的經濟；孟買是印度的商業中心、也是世界上最大城市之一，襲擊孟買可以吸引全球的注意，因此也等於攻擊印度經濟全球化的進程。當美國總統布希訪問印度加強了印美互信，印、美雙方建立了親密的關係時，不能容忍印度偏向美國的某些人，如印度反對黨、伊斯蘭信眾、或是俄羅斯、中國等，這些傳統、信仰極端、或正與美國爭南亞主導權的區域大國，就會團結起來共同反對印度的西化與美化。

四、恐怖攻擊之影響

1. 打破美國全球反恐的核心佈局。97年9月11日,美軍參
   謀長聯席會議主席馬倫海軍上將(Michael Mullen)說,
   他已經下令在阿富汗戰場上運用一種新的、更全面的策
   略,調動一部分駐伊美軍到阿富汗。他說,這個新戰
   略將對付阿富汗東部和巴基斯坦部落地區的「共同叛
   軍」。美國官員透露,美國總統布希已經授權美軍在沒
   有獲得巴基斯坦官員同意的情況下,對巴基斯坦境內發
   動反恐襲擊。反對派「穆斯林聯盟－夏立夫派」(PML-
   Nawaz)」的領導人12日說,巴基斯坦目前正受到戰爭
   的威脅。他說:「我們是一個民主國家,因此我認為,
   在作出越界攻擊前,我們的西方朋友應當先確認巴基斯
   坦到底是盟友還是敵人?」他呼籲國會兩院舉行聯合會
   議,決定今後應如何回應美軍跨越邊境的襲擊。巴基斯
   坦西北邊境省的省長也發表聲明說,同巴基斯坦作戰的
   武裝恐怖分子、和以美國為首的聯軍部隊,目前都在削
   弱巴基斯坦的主權。巴基斯坦陸軍參謀長基亞尼表示:
   不允許任何外國部隊在巴基斯坦境內展開行動,巴基斯
   坦會「不惜一切代價」捍衛國家主權。國際社會認為巴
   國總統扎達里(Asif Ali Zardari)是親西方人物,也是美
   國反恐戰爭的支持者。巴基斯坦總統扎達里必須在美國
   的反恐要求、巴基斯坦軍隊的反彈、以及國內強烈的反
   美情緒之間做出平衡。孟買遭受恐怖襲擊後,美軍反恐
   戰爭軍事行動也受到影響。孟買恐怖襲擊就如同印度的
   911,印度譴責巴基斯坦恐怖組織發動這次襲擊,可能
   會以軍事打擊巴基斯坦作為回應。同時,美國正在阿富
   汗－巴基斯坦邊界沿線多山、無法可管的部落區,追捕

賓拉登及其他恐怖分子。如果巴國將具有牽制當地伊斯蘭武裝分子的武裝部隊，轉向南面去應付印度戰爭的潛在威脅。如此，在巴基斯坦最靠近美軍的地區，恐怖份子就可以來去自如。尤甚者，美國派駐阿富汗、巴基斯坦邊界的反恐搜捕部隊，將喪失巴國軍隊側翼的掩護；美國邊界的反恐搜捕部隊，將立即曝露在恐怖份子的襲擊威脅中。

2. 遲滯印度經濟的發展。在恐怖份子於孟買金融樞紐殺害174人後，印度3年來今日首度暫停股市、債市及印度幣交易。與印度相關且在新加坡交易的股票（Indiabulls Properties Investment Trust），收盤時下跌5.55%至0.17星元。指數股票型基金（ETF），下滑1.9%至3.09美元。印度幣無本金交割遠期外匯（Non-deliverable forwards）下滑0.8%，至1美元兌50.15印度貨幣。金磚四國之一的印度，本來經濟的遠景一片看好，沒想到會發生比美美國911的恐怖攻擊。商會秘書長莫格瑞在次月1日表示，印度經濟至少需要6至12個月的「療傷」時間。莫格瑞表示，恐怖攻擊後，外國投資和貿易夥伴目前都在觀望，至少需要6個月的時間才能恢復他們的信心，12個月後，孟買才能恢復到攻擊前的經濟水平。據報導，孟買的攻擊事件當天造成印度總體損失約5000億盧比（1000億美元），恐怖攻擊3天內造成印度損失，大約值200億美元。莫格瑞表示，印度旅遊和餐飲業受到最直接、最嚴重的影響，航空業緊隨其後。法新社11月30日的分析文章說，由於全球經濟衰退，印度今年的經濟本來就很困難；股市已經下跌55%，盧比已經貶到歷史新低；而孟買的恐怖攻擊，對印度已經欠佳的經濟，更加雪上加霜。

3.印、巴和解，難上加難。冷戰期間，印巴縱橫民主、共
產陣營之間；中共拉攏巴基斯坦東西包夾印度，爭奪南
亞區域霸權的主導地位；俄國選擇與印度結盟南北夾
殺中共，意欲打破中共圍堵俄國的戰略企圖。1971年第
三次印巴戰爭、暨孟加拉獨立後，巴國的傳統軍力已證
實無法與印度相抗衡，綜合國力與印度的差距也越來越
大。為彌補雙方傳統軍力的差距，巴基斯坦只能部署核
子武器，並採取「先發制人」核武打擊戰略；因此，巴
基斯坦自願放棄「先發制人」核武打擊戰略，這是很有
意義的一件事。2004年以來，巴基斯坦前總統穆夏拉夫
連續五年持續推動印巴和解之路，印度當局對穆夏拉
夫和解之議，亦有相當正面的回應。2008年11月25日上
午，在內憂外患的多重壓力下，巴國現任總統扎達里率
先對印度承諾不先使用核武，他更進一步表示希望增加
雙方貿易的往來。扎達里甚至對媒體表示，通過開放邊
境貿易，印度可以幫助巴基斯坦度過經濟困難。扎達里
還提議印度和巴基斯坦可以締造一個類似於歐盟的經濟
聯盟。巴基斯坦總統扎達里再次讓世界瞪目，他說：
「每個巴基斯坦人心裡，都有一小塊印度；每個印度人
心裡，也都有一小塊巴基斯坦」，這是數十年來巴基斯
坦對印度最熱情的示好。此次孟買恐怖攻擊，一下打破
印巴雙方好不容易營造出來的和諧氣氛，任何一方若沉
不住氣或走極端，就可能使印、巴和平進程生變。

五、結論

回顧1993年紐約世貿中心恐怖攻擊事件，當時南、北塔工
作生活圈內約有6萬人；此次孟買恐怖攻擊事件原定要殺害五千

人，「孟買」所在的「馬哈拉斯特拉邦」副省長在記者會中表示，恐怖份子攻擊對象為觀光客與一般平民。顯示當代恐怖組織本質與過去已有所不同，恐怖份子均蓄意造成大量無辜民眾的傷亡。過去左派恐怖份子主要攻擊對象是政府官員、銀行家和工業重鎮，種族恐怖組織主要攻擊對象是國家代表性人物、政府官員、警察、或敵對種族團體；但一般而言，恐怖份子只攻擊特定對象，造成傷亡也比較有限。孟買恐怖份子攻擊的目標，是製造社會恐懼、破壞印度的經濟、打擊印巴兩國的和解進程、營造穆斯林與印度教信徒的相互敵視、減緩美、巴兩國對神學士及蓋達組織施加的壓力、破壞印度經濟全球化與西方的合作；凡此種種，皆有傳統與極端勢力交互作用的影響；印巴領導人都應更有智慧的謹慎處理，才不會受此事影響而打壞兩國未來的發展。

孩子

李欣倫

靜宜大學台文系博士教師，中央大學中文所博士，1978年出生，具三種身分：（1）素食者：廿四歲獨自去印度旅行三個月接受生命教育。因人道與環保，從這趟旅行結束後茹素至今。（2）疾病與身體關注者：以散文集《藥罐子》、《有病》（皆為聯合文學出版）及碩士論文《戰後台灣疾病書寫研究》，觀照並凝視疾病與身體樣貌，思考文字如何再現身體感知，讓讀者感同身受。（3）旅行志工：2006年至今去印度與尼泊爾當志工，不隸屬於任何宗教團體，而是獨自出發、學習、省思，凝視殘缺與衰敗的身體，親身實踐、體會長久以來關懷的疾病課題。

字母

　　阿帕坐在地上寫字。專注地刻寫A、B、C、D，寫的同時，口中還大聲地唸誦。她將每個字母的尾音拉得老長，帶著輕快而勇敢的上揚。

　　阿帕用力握著極短的鉛筆，彷彿用盡全身力氣，在作業簿上寫字。每天早晨刷牙洗臉後，是孩子的讀書時間，阿帕便從

書包中拿出脫頁的作業簿，以及好短好短的鉛筆，認真地開始寫字。

有時，她會從A寫到Z，再從Z寫到A。有時，她會寫十個A，十個B，十個C和十個D，看當天珊蒂老師給她什麼功課。阿帕很少分心，即使她才三歲，可是當她在寫字的時候，眼神散發的光相當超齡。她小心翼翼地寫好每個字，盡量讓字母排列整齊，不歪斜、不忽大忽小。可是她才三歲，對形狀、秩序還沒有明確的概念，難免寫得歪斜、忽大忽小，或少了幾個字母，有時F不見了，有時M不見了。

珊蒂希望我上瑜珈課前，幫小朋友溫習作業，主要是英文，因為我對尼泊爾文一竅不通。我通常會先檢查孩子們的作業，看看英文單字是否拼對了，然後讓他們大聲地唸出來或拼出來。

我喜歡聽阿帕慎重其事地大聲唸出每個字母，從A到Z，從Z到A，小心翼翼但充滿自信，那上揚的尾音像春天的水氣與光澤。當阿帕漏寫了F、M或其他字母，「F到哪去了？」我問，「M到哪去了？」她也露出摸不著頭緒的表情，抓頭，皺眉，試圖從書包翻尋脫頁的作業紙，找出遺失的字母。

孩子的作業簿總是脫頁，有時連封面封底都不翼而飛，阿帕的作業簿便是如此。寫一頁掉一頁，那些用力刻鑿的字母終究四散，有時被扔入紙簍，有時則被別的小朋友莫名其妙地收入自己的書包。反正字母沒有名字，無需認領。孩子也是，與其說他們被遺棄，不如說誰都無權擁有，他們是受神祝福的K、受洗過的I、受眾人親吻和讚頌的D，他們是獨立的字母，帶著勇敢上揚的尾音。

A到Z被寫下，銘記在孩子的認知小宇宙，命名初始，識名開端。世界已被幾個世代又幾個世代的人命名再命名，器物之

名皆已固定，你不能將電燈叫成螢火蟲，也不能將電扇指認為鼻子，除非你是詩人，是病人，或至少；至少是孩子。

數

　　除了字母，阿帕也會從一數到十。她總拉我的衣角，要數數字給我聽，仍舊充滿自信而尾音拖得老長，超齡而毫不羞赧，彷彿想告訴全世界的人，她會從一數到十了。但若單獨挑出一個數字或字母，例如五，或L，她會習慣性地偏著頭，思索一下，然後小聲地說出答案，不那麼確定。

　　阿帕，沒關係，總是這樣，整體總比單一來得容易記憶，秩序和慣性也比無秩序和即興來得安全而友善，等你習慣單獨面對個別的物質、記憶和情感時，你會漸漸發現，脫離軌道的星子比星系更加迷人，每個當下都是層次豐富和肌理細膩的頁岩，每個瞬間都飽含詩性，潤澤，新鮮。

　　阿帕，沒關係，我們都經歷過類似的時刻，從A到Z或從一到十如此簡單而無需思索，因這組字串已植入你體內成為呼吸道，你只要能呼吸便能毫不費力地回答，但若只是一個數字或字母單獨地浮現在作業本上、掛在誰的唇邊；像創世紀的開端，像第一個站上生命地平線的發現者，真的不易喚出他的名。

　　阿帕，沒關係，要知道就連我們三十歲、四十歲或五十歲的人，都無法抽離並打破慣性之鏈，準確地提煉當下，剔除前因後果，讓時時刻刻成為自信而自成宇宙的字母——發亮的字母，如同妳的眼瞳——讓每個美好或痛苦的瞬間成為唯一，是誕生也是死亡，無可重複、轉換與再生。

　　阿帕，沒關係，總是這樣。

顏色

　　阿帕還會簡單的英文單字。花。紅色。黃色。狗。貓。水。你。我。猴子。橘色。然後用所學的字彙造句，例如：你，橘色。又如：我，粉紅色。也許她指的是我們的膚色，或其實是我們喜好的顏色。後來，她學了更多顏色：藍、綠、白、黑、棕色和灰色，學會造更多句子，例如：狗，白色。水，藍色。你，灰色。

　　學會不同的顏色，她興奮地拉我的手，告訴我裙子的顏色，牆壁、窗戶、門把、圖畫紙和書包的顏色。咖哩的顏色，風的顏色，光的顏色，夢的顏色。阿帕，妳的世界逐漸五彩繽紛，光譜趨於飽和，永遠棲止於妳的想像中。之後，妳會學到不同濃度的綠色或藍色，例如：墨綠、芽綠、土耳其藍、孔雀藍。是的，顏色有細胞，關乎組織和肌理，有時包容文字，有時超越文字，像子宮天體。更準確地說，文字無法捕捉流動的顏色，落筆、脫口後顏色就成樣版歷史，即便想像力豐富的詩人也將疲於追逐自然的奧妙變幻，最後，他們心甘情願臣服，揀一塊乾淨的草地，坐看雲起。

　　雲、沙、河流、風的顏色遠在畫筆之前，文字之上。也許，未來的某天，妳若看到《戴珍珠耳環的少女》，阿帕，妳會懂的。

　　之後，妳也會懂，有物混成，先天地生。吾不知其名。

　　多年以後，妳也許會懂，五色令人目盲。

　　是以聖人為腹不為目，故去彼取此。

單數

　　阿帕剛學會的單字：吃。唱歌。睡覺。

她還沒學的字：愛。親吻。詩人。世界。
艱深的字：父親。母親。父母親。複數太難。
阿帕一出生便遭父母遺棄，在兒童之家門口。

編者按：原文刊於作者散文集《重來》（聯合文學，2009）

Tavistock的偶遇

蕭敏材

中央大學中文系博士後研究員暨兼任助理教授，中央大學中文系博士。

一公里的路究竟要花上你人生多少時間？五分鐘？還是十分鐘？

你能想像，花上將近大半天的時間，祇走完一條長約一公里的路嗎？

Mr.Blcak，他就是如此！

相識，常緣於偶然。的確，認識他，全然不在自己生命的計畫之列。但試問，生命中的計畫，又有多少是早在安排中進行的呢？來到倫敦唸書，不也是如此？2004年初秋的某個午後，一臉疲憊，步履蹣跚地步出倫大SOAS學院的圖書館。由於沒吃午餐，此刻的我似乎已感到體內的血糖急速下降，腦筋頓時呈現一片空白，方向感也如同茫然的思緒一般混亂；不知該直接回到宿舍，抑或如往常般地到大英博物館朝聖一下？正在躊躇之際，眼前出現許多身著看似中東或印度服裝的人們，手捧鮮花，緩步地往Tavistock公園前去。出於好奇，當下便決定

尾隨這群「異國人士」，從公園方向打道回宿舍，順道瞧瞧有什麼新鮮事。

在倫敦，除了鼎鼎有名，像是海德公園（Hyde Park）一類的大型公園外，也有許許多多像Tavistock Square的小公園，不大不小，就座落在生活環境的周遭。天氣好時，你可以自在地坐在草地、椅子上，一邊咀嚼著書中知識所帶來的葉綠素；一邊享受讓徐徐微風親吻，感覺宛如墜入愛河般的美好心情。公園的各個角落，可以發現許多的「記憶現場」----名人的雕像、紀念碑等等，這些我們幾乎只有在書本中才會看到的人物、事蹟，就活脫脫地出現在你的生活周遭，如此地貼近你我的靈魂。

到了Tavistock Square答案揭曉。原來，當年以「不合作運動」力抗大英帝國統治而聞名於世的聖雄甘地，他的紀念雕像竟就出現在這個當年他所反對的日不落國的某個小公園一隅；這天，2004年10月2日，原來恰好是甘地的紀念日，難怪有許多人帶著鮮花去祭拜。

憑弔完聖雄風采之後，我這位飢腸轆轆的異鄉客決定回到現實，趕忙地到超級市場買點東西，希望能快一點回到宿舍煮飯，祭一祭空虛了一個上午的五臟廟。由於先前的耽擱，今天必須從一條從未走過的路線回宿舍，或許也算是一種冒險吧？沿路上發現似乎有許多的店可以讓我閒逛。當我還沈浸在尋寶的樂趣的時候，走著走著，迎面而來的，是一個身穿黑色大衣、戴著墨鏡黑帽的一個黑皮膚的耆老，「撞進」了我的眼簾；他手提著兩袋從超市所買的東西，搖搖晃晃且不斷顫抖地倚著牆邊，步履緩慢且吃力地前進；身高184，腿長44吋的我，無法用平常認為理所當然的速度去想像，依照他的速度，到底要花多久時間才能將這一段路走完？看著他著實辛苦的樣態，此時的我，一陣莫名的悲憫之心油然而起。這個時候，其實很想用極為簡單的英文去問他：「Do you need some help？」

但是，我知道，其實這樣子是不禮貌的，所以也就沒有鼓起勇氣，趨身向前去滿足自己自以為是的愛心以及好奇心。直覺地加快腳步，試圖想要將他快速地拋在我的視線之外……。

本以為能如同平日上學趕路時，與其他陌生人擦身而過時一樣的不經意及稀鬆平常，然而，奇怪的是，他的身影，似乎已經烙印在我心裡的某個角落，揮之不去。

將一顆毫不起眼的小石塊，拋入水中，終也會掀起陣陣的波瀾。Black先生，（就姑且這麼叫他吧！雖然可能會被誤認為種族歧視。）在我的生命中，似乎也掀起了一絲絲看似微不足道卻終將令我心情澎湃的漣漪……。

這是我與他第一次的相遇。

倫敦，這個美麗但昂貴的城市。到此唸書，交通是一筆很大的花費。所幸，倫敦街頭，是一個可以讓你如同班雅明（Walter Benjamin）筆下的「都市漫遊者」自由悠遊的天堂。對一個經濟拮据的異鄉學子而言，無疑是一件好事。四通八達的步行空間，讓一個受夠台灣安全步行空間超級缺乏的我而言，無疑感到是一種極大的享受。雖然，身為異鄉人，每次孤伶伶地行走在街頭時，總覺得黃皮膚、黑眼睛的我在這個城市顯得突兀，強烈的疏離感也佔滿了整個思緒；但是，平心而論，這裡的確是一個可以讓「任何人」都可以自由漫遊、閒晃甚至將靈魂抽離現實的好地方。

打從那天開始，我便經常改從那一條路線走路回宿舍。同學常問我，為何繞一條比較遠的路回宿舍？我總回答，想到那附近的二手書店逛逛。我想，這也可以算是是其中的一個原因吧？那可是我上次「冒險」的意外收穫；當第一次發現那

裡的二手書店時，著實讓我像挖到寶般的興奮。因為這裡的書比起其他大型書店的便宜多了。除了價錢，第一次走進這裡的二手書店時，的確令我深感震撼，自己似乎像是陷落在一個異世界中，眼前所有的書當然都是非中文的，各種符號組成的畫面，讓我有些眼花撩亂，這些符號構築的知識，更是我感到驚奇，靈光一閃，腦海中突然讓我想起的舊約聖經中巴別塔的故事，人類的野心，似乎就像眼前這些書一樣，令人讚嘆但也心慌，因為或許一個不小心的誤讀，這些習以為常的符碼便可能將我導向另一個不同的方向。在沈浸於享受著挖掘知識的樂趣之餘，當然，我知道，逛書店只是走這條路的附帶優惠，真正的原因，其實是希望可以再一次見到那位我名之以Black的先生，或許這麼說吧！其實是想要滿足並解讀連日來積壓在心中的疑惑。

漸漸地，每週總有幾天，會與這一位「熟悉的陌生人」迎面相見、錯身、然後離開。日子久了，每次似乎都會很有默契的相互默視微笑。在一次偶然的機緣下，遇見他時，看著他正試圖用著顫抖的雙手，想要撿起掉在地上的報紙時，我似乎像似個跟監多日的狗仔，快速且精確地飛身向前將地上的報紙拾起。由於我的動作相當突兀，此時，他的一個微笑，以及主動的一聲hello，化解了彼此間的尷尬，也開啟了我們的第一次對話。

他的鄉音極濃，對我而言，聽起來有點吃力，也許他早察覺我想認識他的企圖，所以他的態度似乎也如同面對故友般的親切，由於對於東方人單一的刻板意象，他便也以我是日本、韓國還是中國人作為談話的開端；當我說我是台灣人時，他一臉狐疑地問我：「台灣？」經過說明後，又問：「你們是屬於中國嗎？是共產國家嗎？」我啞然失笑，這個我一直認為「理所當然」的常識，竟然變得如此的不確定。包括這個問題，似

乎在這裡，已經有數不清「理所當然」都輕易地就被推翻。

　　我們愉快地攀談著，天南地北無所不聊，我緩緩地跟隨著他，最後我陪他走到Tavistock公園，很難想像，我花了近兩個小時走到公園！這是我生平第一次如此「緩慢地」走完一條不到一公里的路。途中，他跟我細數著這條日後被我名之為「自己的哲學家之路」上的一磚一瓦甚至是一個坑洞；任何的改變似乎都在他的掌握之中，實在像極了專業的古蹟導覽員，滔滔不絕地告訴了我這條我認為只不過是條默默無聞的路的歷史。對我們這些「常人」而言，這頂多只是一條毫不起眼、極為平凡不過的馬路。在他的眼中，卻有這麼多的驚奇。

　　往後的日子裡，這樣「漫遊」的機會，多了許多。最終當然我也早已知道他的名字--魯非，但我仍喜歡叫他Black先生，他也並不以為意。他是一個來自奈及利亞的移民，在這一個多民族的熔爐裡，這樣子的身份，其實不足為奇。幾年前，他罹患了帕金森氏症，再加上關節上的毛病，所以走路時變得緩慢且不斷地顫抖。當我想確定心中的疑惑而冒昧地問著：「每天他都只走這條路嗎？」他的答案，令人意外地竟是：「哪裡他都去！」由於住家近此，在加上喜歡閱讀，所以好天氣時，大部分的時間，他喜歡花上兩三小時「走」到公園，或是到附近的二手書店，不論是坐在公園裡閱讀一本喜愛的小說，享用自己太太所做的午餐；或是跌進書堆，享受書香與文字外遇的樂趣，這些是他認為再幸福不過的事了。偶爾如果想逛遠一點，他便會坐著電動輪椅閒晃，因此，整個市區他早已逛遍了！這樣的回答著實令我訝異。原來，他並非是我想像的那般「可憐」，此時的我，也為自己的無知以及自以為是感到可笑以及羞愧。

　　十月的某天，照例與他閒聊，他問我為何想認識他？是不是因為他看起來「很可憐」呀？這時的我臉上一陣泛紅，有

點不好意思。就像是個小孩做錯事般的手足無措。因為，在我的眼中，他是一個「殘障者」，需要我們「正常人」多一點的關心。他哈哈大笑，並沒有任何慍意，還捉狹地直說：「對呀！對呀！我都忘了我是個殘障者哩！」爽朗的笑聲中，讓我發現，其實，我們大部分的人才是殘障者，經常用自己幾近貧乏、自以為是的封閉心靈，去看待這個世界！用殘缺的眼光去檢視以自己為中心所建構的世界。Black先生的回答讓我腦中突然浮現了《莊子·養生主》中公文軒驚見到右師肢體「殘缺」時的那段故事。的確，「整全」抑或「殘缺」不就是我們自以為是的短淺想法嗎？剎時，我心有戚戚焉地又啞然失笑了。

初秋的陽光暖暖地灑在身上，微風徐徐，真不像是平日印象中陰暗的倫敦。心頭突然間有個奇怪的念頭，真希望可以和Black一樣，永遠能「緩緩地」享受這世間所有的一切；看著身旁與我倆擦身而過「快速」移動的身軀時，一股莫名的幸福感竟也湧上了我這個異鄉客的心頭……。

從逃學大王到文學大師
——沈從文

魏美玲

嶺東科技大學通識教育中心副教授，中國文化大學中文研究所
博士，學術專長：現代文學、通俗小說。研究方向：大陸現當
代文學。

　　在二〇世紀華文文學中，沈從文是一個不能忽略的作家。
他的一生充滿傳奇色彩，雖然小學沒畢業，後來卻成為名作
家，當上了大學教授。

　　沈從文（1902-1988），原名沈岳煥，生於湖南省鳳凰縣的
一個軍旅家庭。故鄉鳳凰，是沈從文創作的泉源。鳳凰是鄰近
黔北、川東的一個湘西小城，多山多水，多民族聚居（有苗、
瑤、峒、土家等少數民族），民風純樸而強悍。瑰麗靈秀的山
水與豐富多元的文化，造就了一個活潑多趣的成長環境，卻也
每每把沈從文從課室裡拉出去，為了閱讀自然生態和社會萬象
的這本大書，成了逃學大王。

　　沈從文1931年完成的《從文自傳》中，以富有清趣的筆
調書寫年少的逃學經歷，他以〈我讀一本小書同時又讀一本大
書〉為那荒唐而有趣的學塾生涯命名。「小書」指的是私塾

裡教的書，沈從文六歲進私塾，從他的書籃檢視，有《包句雜誌》、《幼學瓊林》、《論語》、《詩經》、《尚書》等書，分量不輕，但上課著重於識字與背誦，他表示：「我從不用心念書，但我從不在應當背誦時節無法對付。許多書總是臨時來讀十遍八遍，背誦時卻居然琅琅上口，一字不遺。」憑著小聰明輕易過關，而認為這樣讀書太容易了，年幼的他誤以為讀書就是識識字背背書，沒有深入了解文章義理，所以輕視學校，後來在一個荒唐的表哥帶領下，開始逃學的生活，去認識社會的這一本「大書」。

沈從文曾說：「我幼小時較美麗的生活，大部分都同水不能分離。」他最初所讀的私塾就在河邊，老師擔心學生放學後去玩水，於是用朱筆在每個人的手心寫個大字，回家好讓家長檢驗，但頑皮的表哥教大家一手高舉，依然可以在河中玩個半天。在表哥的帶領下，他學會說謊逃學，橘柚園、城外山上、水邊，還有各種野孩子堆裡，都可見到他玩耍的身影。在純樸的小城，提著書籃遊蕩常引來路人的斥責，於是便將書籃寄放在土地廟裡，沈從文自承是同伴中寄放書籃次數最多的。當逃學成了習慣，遊蕩成了日常功課，除了想方設法逃學，什麼也不再關心。有時天氣差，不能上山玩，他便一個人走到不容易碰到熟人的城外廟宇，看手藝人在廟前絞繩子，織竹簟，做香，也看下棋、打拳，甚至看人相罵，「如何罵來罵去，如何結果」，都看得津津有味。對於世俗的人與事他總是有無比的好奇與興趣，想要瞭解那些奇妙的事事物物，瞭解人與人之間的互動，如此傾心於現世的光色，使他不安於凝固的生活。

逃學失敗被家中學校任何一方面發覺時，兩方面都得挨打受罰。但家裡罰跪一炷香的處置，對他卻完全起不了懲戒作用，因為人跪在家中一隅，思緒卻騰飛到外面的世界，「想像恰好生了一對翅膀，憑經驗飛到各樣動人事物上去。按照天氣

寒暖，想到河中的鱸魚被釣起離水以後撥刺的情形，想到天上飛滿風箏的情形，想到空山中歌呼的黃鸝，想到樹木上纍纍的果實。由於最容易神往到種種屋外東西上去，反而常把處罰的痛苦忘掉，處罰的時間忘掉」，想像淡化了處罰的痛苦，神遊於自然的生趣與美妙，反而生發逃離課室的想望。多年後成了作家的沈從文回顧這段經歷時表示：「我應感謝那種處罰，使我無法同自然接近時，給我一個練習想像的機會。」罰跪成為鍛鍊想像力的特別課程，彷彿成了沈岳煥往從文之路邁進的助力，逃學、罰跪與文學創作之間似乎產生了微妙的連結。

家裡認為逃學導因於老師管教不嚴，所以安排他轉學。新私塾離家很遠，不必找任何理由就可以經過許多有趣的地方。他在《從文自傳》裡如此細寫他的上學之路：

> 從我家中到那個新的學塾裡去時，路上我可看到針鋪門前永遠必有一個老人戴了極大的眼鏡，低下頭來在那裡磨針。又可看到一個傘鋪，大門敞開，做傘時十幾個學徒一起工作，盡人欣賞。又有皮靴店，大胖子皮匠，天熱時總腆出一個大而黑的肚皮（上面有一撮毛！）用夾板上鞋。又有剃頭鋪，任何時節總有人手托一個小小木盤，呆呆的在那裡盡剃頭師傅刮臉。又可看到一家染坊，有強壯多力的苗人，踹在凹形石碾上面，站得高高的，手扶著牆上橫木，偏左偏右的搖蕩。又有三家苗人打豆腐的作坊，小腰白齒頭包花帕的苗婦人，時時刻刻口上都輕聲唱歌，一面引逗縛在身背後包單裡的小苗人，一面用放光的紅銅勺舀取豆漿。我還必需經過一個豆粉作坊，遠遠的就可聽到騾子推磨隆隆的聲音，屋頂棚架上晾滿白粉條。我還得經過一些屠戶肉案桌，可看到那些新鮮豬肉砍碎時尚在跳動不止。我還得經過一家

> 紮冥器出租花轎的鋪子,有白面無常鬼,藍面閻羅王,
> 魚龍,轎子,金童玉女。每天且可以從他那裡看出有多
> 少人接親,有多少冥器,那些定做的作品又成就了多
> 少,換了些什麼式樣。並且還常常停頓下來,看他們貼
> 金敷粉,塗色,一站許久。
> 我就歡喜看那些東西,一面看一面明白了許多事情。

　　流連於街道的沈從文對於社會的這一本大書確實十分著迷,各種器物的製作過程,他都想看個明白;各行各業的人物,無不特殊可愛;透過各種形象、動作、聲音、色彩,所展現的市井生命力,是那麼鮮明動人,而這些人這些事所連結的人生百態更是豐富多采。

　　1915年,沈從文由私塾轉入新設立的新式小學,學校不必背誦經書,老師不隨便打人,同時,星期日可以放假,不像私塾得天天去上學。而且老師不嚴格,同學多又有趣,請假也容易,看戲、釣魚、捉蚱蜢、看人割禾,都可以請假,學校的自由度使他覺得可以不必逃學了。但上課也只是例行公事,他並沒有把心思放在課業上,所學的都是校外的知識。學校臨近高山,周遭環境是自然的寶庫,爬樹、釣魚、採草藥、採筍子、採蕨菜……,在玩耍中識得各類草木蟲魚,因此表示「學校環境使我們在校外所學的實在比校內課堂上多十倍」。

　　由於在外面野慣了,沈從文漸漸染上賭博的惡習,當時父親為了實現將軍夢遠行在外,母親為他的管教問題煩惱不已。民國五年,地方上新設了四個軍事學校,沈家本是將軍後人,鄉里的年輕人以及一些小商人也覺得軍事較有意思,有出息,沈從文在同學的遊說下也頗感興趣,因此沈母決定讓就讀高小的兒子轉入軍校,謀求另一種人生出路。

　　穿上軍服的沈從文,隨著部隊往來於川、湘、鄂、黔等四

省邊境地區，經歷各種鄉野生活，看盡了軍隊殘酷的屠殺。這段時間，正是近代中國史上所說最混亂、腐敗的軍閥時代，從地方上很小的軍閥以至北京最大的軍閥的起來和倒台，他都有深刻的印象，從軍的經歷使之在〈黃昏〉、〈入伍後〉、〈卒伍〉、〈我的教育〉……等多篇小說中，得以細膩、深刻地描述軍隊的作為及士兵的生活，生動地呈現軍閥割據時期的社會面貌。

對於從軍的六年，他感嘆：「我眼看在腳邊殺了上萬無辜平民，除了對被殺和殺人留下愚蠢殘忍印象，什麼都學不到。」他偶然接觸了「五四」新文學，開啟對文藝的憧憬，決心脫離行伍生涯，逃離那種腐蝕靈魂的「教育」，到北京去讀書，尋找理想。

1922年沈從文到了北京，曾經想方設法逃學的他，現在卻一心一意想進大學，他終於理解書中的世界並不小，但先前求學歷程的一大段空白，使他無法通過入學考試，成不了正式的大學生，只能到北京大當個旁聽生，在京師圖書館自學苦讀，在他的「窄而霉小齋」伏案寫作，一篇篇文章寄向北京各雜誌和報紙副刊，都石沈大海，沒有回音。直到1924年底，北京《晨報副刊》開始採用他的作品，此後，其作品越來越頻繁地見於《晨報副刊》和《現代評論》等刊物，逐漸在文壇站穩腳步。

1929年沈從文到上海與胡也頻、丁玲合編文學刊物《紅黑》與《人間》，並在《新月》月刊上發表作品。雖然他們所編的刊物不久便告夭折，但胡適延聘僅有小學學歷的沈從文至吳淞中國公學教寫作，乃對其創作的一大肯定。1931年，沈從文轉赴青島大學任教。1933年9月起接編天津《大公報》文藝副刊。抗戰爆發後至西南聯大任教，勝利後回京擔任北京大學教授，兼任《大公報》、《益世報》副刊主編。

1948年初，共產黨掌權的前一年，沈從文寫下了他的最後

一篇小說，他自知無法服膺於「文學從屬於政治」的思想，斷絕了曾傾注以生命的文學創作，以躲避時代的風雨。但是其游離國共兩黨政治之外的「中間路線」，及崇尚自由、超然的創作理念，卻無法逃脫左翼文藝陣營的批判與清算，他被界定為「桃紅色文藝」的作家，被指為「清客文丐」、「地主階級的弄臣」，他的名字隨著種種的批判、鬥爭而湮沒於文壇，轉而從事文物的研究，使他在劫難中找到生命的樂趣，集數十載的心力完成的《中國古代服飾研究》終於在1981年問世。隨著文化大革命的結束，沈從文的名字重新被提起，且由於台、港和國外對於沈從文作品的熱愛，在八〇年代大陸掀起一股「沈從文研究」熱潮，沈從文的作品也如出土文物，再度面向人世。

沈從文的一生可謂是現代文學中的傳奇。回顧年少的逃學生活，他覺得：「離開私塾轉入新式小學時，我學的總是學校以外的。到我出外自食其力時，我又不曾在職務上學好過什麼，二十年後我『不安於當前事務，卻傾心於現世光色，對於一切成例與觀念皆十分懷疑，卻常常為人生遠景而凝眸』，這分性格的形成，便應當溯源於小時在私塾中逃學習慣。」就成為一個作家而言，傾心於現世光色，質疑固有的成例與觀念，確實是重要的性格特質。在《從文自傳》裡，可以看出他對年少的逃學生活充滿懷念，他在社會這一本大書裡著實有深刻的領會，昔日所接觸的各行各業，所觀察世俗人情，所記憶民間話語、民間習俗，都成為往後的創作素材。

在現代文學中，沈從文被視為湘西的代言人。他以深情書寫湘西的風土民情，體現多元文化匯聚，野蠻與淳厚雜揉、強悍與柔美交織的地域文化，並呈現了一種自然和諧，不悖乎人性的人生形式。沈從文的作品往往予人明朗、向上的力量，這力量即來自於淳厚樸素的人性美，古樸淳厚的人情與湘西靈秀的山水，構築了二十世紀的文學桃花源，令人無限嚮往。

看空間在說話

林韻文

嶺東科技大學通識中心講師，成功大學中國文學所博士班，中興大學中國文學所碩士，現任教「旅行與文學」通識課程。

我們每日進出穿梭許多不同的空間，從家裡外出到街道再走進校園、辦公室，還有日常餘暇時的享樂休閒場所，我們對於日常熟悉的空間往往視而不見，把空間看做理所當然的固著狀態，沒有意識到空間背後是被文化所型塑，一個地方的空間變遷就像一張白紙被不同的文化經濟變遷改寫重書。畢恆達說：「空間就是權力。」，深刻地帶出空間所表徵的意識型態，如何型塑我們的認同，我們無視地走過城市的大小空間，卻遺忘了塑造空間背後的權力，在政經高位者為大多數人決定了公共空間的配置。中正紀念堂與自由廣場的命名爭奪戰，就是不同的統治者在競逐賦予空間意義的權力，還戲謔地在廳堂的銅像旁置放風箏，政治與嬉戲、威權與自由、不朽與輕揚，符號的對比衝突性極大，不同的權力在紀念堂內上演血腥肉搏戰。若空間表徵的意涵以二元論的價值體系作劃分，大家也可以一起來思考看看，在我們日常生活必經的空間中哪些是屬於公眾的？哪些是被歸入私密的？又或者那個地方是陽剛的？哪

裡則是姊妹們的？哪些區域是屬於主流上層社會的？哪裡又是被遺忘的邊陲？

一、家，原初的自我

「朋友送我一座手掌大小的裝飾屋，一棟瓷做的小房屋，上有鏤空的窗門，如果在小屋內點起蠟燭，透過窗口，整座房子便會放出溫暖的光芒。我將小房子置於窗戶下，每當夜幕低垂時，我常凝視著這棟房子，發出光芒的小屋，一個家，在我的生活中具有無比、獨特的象徵。」（陳玉慧〈成家〉《我的靈魂感到巨大的餓》），作家陳玉慧童年時被母親帶到大甲外婆家照顧，讓她有被父母遺棄之感，尋找父親與家是她年長後有待填補的心理缺口。在與德國丈夫結婚後朋友送她一棟白色瓷土塑造的模型屋，完美的發著光，脆弱精緻，一如她心中理想家屋的具體投影。而你呢？如果攤開白紙要你畫下心中理想家屋的想像，你會如何下筆。

我的童年成長於彰化僻遠鄉村，門口曬稻的庭院、河邊的菜圃、龍眼樹下的鄰里話家常、土角厝……這間童年的房子型塑了最初的我，並型塑我們對自身的認同，即使念幼稚園後家裡搬離了鄉下，在我心中卻始終以鄉下人自居。若我拿起筆畫下理想的房子，我一定會畫出一間平房，更多的空白留給樹、花朵、河流和天空，被大自然環抱的房子就是我心中的理想家屋。我的孩子最近開始畫下他的第一間屋子，是台北101，空空蕩蕩矗立在白紙中央，沒有任何一棵樹陪伴，也沒有一隻鳥掠過。這間房子充分表現了他在都市成長的童年。

在家的我們，是最安適自在的舒展，我們不必再武裝自己，可以在這裡作白日夢，收藏記憶。我們的房間裡擺放屬於我們的物件，讓我們劃分出自主的空間領域，並擁有歸屬感。

離開家在外租屋的學生，一開始覺得宿舍是冷冰冰、無感情的，一直到放上自己或親人的照片、玩偶、擺飾、紀念品、植栽……把熟悉的物件擺放上去，陌生的房間才漸漸有了熟悉的溫度。

二、有靈魂的校園

校園給人最典型的印象，就是圍籬水泥的方塊格子，刻板統一的校園空間，一如我們受教育時制式、單一價值的填鴨，許多人回想起國中生活總是蒼白貧乏。我唸書時家裡對面就是一所國中的操場，校園裡併排著三角形屋頂的水泥教室，完全沒上色的外觀，一如此時黑白失色的青春，整天坐在教室寫測驗卷、模擬考的國中生活。後來到了不同的城市，看到一樣方正的水泥連棟教室，也有著如複製般的三角形屋頂，即使那並不是我唸書的國中，卻讓人同樣想起裡面在巨大升學壓力下壓抑著的年輕孩子。不知道有沒有一座療癒性的森林校園，有綠色草地的操場可以奔跑，解放這些心靈被禁錮的孩子。

現在的大學越來越重視學生本位，與多元創意發展的理念，鎔鑄在校園規劃上，建築繽紛多彩，表現不同學院的特色。校園內有咖啡店、便利商店、速食店、書店……提供學生課後的生活需求，規模與裝潢更勝於校外鬧街。而一座大學校園除了能夠滿足學生教育與生活的需求外，還有什麼是重要的？簡媜在《老師的十二樣見面禮》一書記述她在夏天的夜裡來到史丹佛大學校園，星空下天地靜默，走過迴廊後看到蕭穆的聖所，剎那間濕了眼眶，心裡浮現：「啊！學術殿堂，人類孕育雄偉心靈的地方！」（〈巨人的肩膀〉），那一刻校園好像是有靈魂般的凝視著她。大學校園是知識的殿堂，傳遞文明的火炬。讓我記憶深刻且感動的校園空間是在台大圖書館三

樓—台大人文庫，一走進原木的樓中樓，水晶的書桌置放中央，圓形屋頂是抬頭仰望傅鐘與天空照片，書冊依學院排列，是收藏台大師生、校友專著的小型圖書館，滿滿的書櫃，許多熟悉的名字，在此受教育的他們日後以所學回饋社會。我站在這裡彷彿看到在此畢業的作者又來到透明的書桌前，靜靜看著在校園孕育受教育的學弟妹，激勵他們躋身此一榮耀的知識殿堂。

理想的空間應該是有機的組合，不同族群、年齡、性別、階級的人共同參與，而不是被單一意識暴力的規劃，台灣各地的社區營造就是一個由在地居民結合當地歷史脈絡，參與空間整體規劃的最佳範例。在校園裡學生也開始發出聲音，和校方一起思考最適合的學習空間配置。適得其所的空間，讓我們可以安居在世界的一隅，身心舒放。

我願意為你朗讀

劉慧珠

修平技術學院應用中文系副教授。東海大學文學博士、政治大學文學碩士、中興大學中文系、世界新專編輯採訪科（三專）。研究領域由古典文學跨越至現當代文學。博論：《在介入與隱遁之間──七等生文學中的沙河象徵》（2008）、《齊梁竟陵八友之文學研究》（碩論，1992）。發表：〈大地農殤曲──試論莫言《天堂蒜苔之歌》〉、〈李漁文學觀中的虛實論〉、〈寫實的跨越──張大春〈將軍碑〉〈四喜憂國〉的虛實書寫〉、〈論王文興《家變》的負面書寫〉、〈「逆子」的自我異化與主體分裂──由拉康的「鏡像階段」審視王文興的《家變》〉、〈七等生「黑眼珠」系列作品的文本互涉〉、〈沙河的真實與夢幻──七等生的在地書寫〉等。

是因為書名的吸引，所以我讀了德國作家徐林克的《我願意為妳朗讀》（皇冠，2000年）。它是在寫一個十五歲少年麥克陷入一場情慾的故事，但對這個少年而言，這場情慾成為他當年的救贖，因為至少這份愛的力量，讓他重燃生命的活力，使他由一個得肝病奄奄一息休學中的少年脫胎換骨為一個能正常上下學甚至後來進入大學研修法律的青年。因此，沒有人懷疑過他跟一個三十六歲車掌小姐韓娜的戀情，應該說在這段以

學校生活為主體的青少年階段，他的這份祕密的戀情從來沒有被公開過，看起來也沒有造成任何負面的影響，或需要承擔什麼責任，因為後來這個大他十一歲的女人毫無預警地消失在他高二夏季午後的游泳池畔，也結束了這一段年少歲月的荒唐史。

故事發展至此，只是很單純的少年性啟蒙成長小說，沒有其他繁複曲折的情節，倒是其中他們每次會面時的一個微妙的相處模式，即「朗讀、淋浴、纏綿、然後同床共枕」埋下了一個伏筆，成為整部小說的軸心——為愛朗讀。他為她的朗讀，從荷馬的史詩《奧德賽》開始，再來是萊辛的《愛米麗雅‧迦洛蒂》、席勒的《陰謀與愛》以及艾興多夫的《無用人生》和托爾斯泰的《戰爭與和平》。當時他純粹是為了渴望她的身體而朗讀，不明白其中還有什麼深義，但是他們逐漸融入書中的世界，「彷彿展開一次漫長、璀璨的旅程，或是進入一座開放參觀的城堡，甚至住在裡面，直到覺得那是自己的家，但又沒有真正拋棄自己的禁忌。」（頁67~68）他們的關係建立在朗讀的基礎上，相當浪漫，卻也十分薄弱，抽離了閱讀的情境，他們像是生活在不同世界裡的人。沒有承認她的存在，是他意識到自己正在背叛她的開始，直到後來失去了她，讓他驚覺這是在對他的懲罰，當他打開書時已不再自問它們是否適於朗讀。

如果能把一切往事深埋也就罷了，痛苦與自責就不會如此之深。多年後他們再度相逢在法庭裡，此時韓娜是一名納粹集中營秘密警察的被告身份，而麥克則是位法律研究班的研究生，在法院旁聽見習。麥克始終很熱切地參與整個事件的審判，也在心中替韓娜辯護過好幾回，但卻只能眼睜睜地看著她因無力反擊而被判了十八年的監禁。他並沒有因為發現了她是個文盲的秘密而為她挺身出或仗義直言，因為他不能裡解，過去曾是他親密愛人的她，何以如此神秘而陌生？坐在法庭裡，他望著她的背影，試著想像過去的歡愉，卻恍如隔世，既真實

又迷離,他能為她做什麼呢?他什麼都沒有做,讓他又陷另一層次的罪疚與反思當中,當時在他內心洶湧澎湃的情感是,國家的罪責與個人的良心之間,難道可以切割得了嗎?

麥克重讀《奧德賽》時,是在與妻子離婚之後,他原先以為《奧德賽》是一個返家的故事,後來發現奧德賽並不是回家定居,而是重新出發。重新朗讀讓他找到生活的意義,於是他開始用錄音帶把讀過的書錄製下來。「我通常都是讀自己當時想看的東西給韓娜聽。對於《奧德賽》,我起先發覺朗讀時很難吸收,不如靜靜地唸它那麼好。但是後來就不一樣了。朗讀的缺點始終是所費的時間較長。可是朗讀的書在我記憶中停留得較久。即使在今天,我還是非常清晰地記得其中情節。」(頁159)當這段話躍出紙面時,我很高興看到我所要看的,我也看到麥克又再度沉浸在閱讀的氛圍中,甚至開始嘗試讀詩和創作,透過朗讀去感覺和分辨文字的好壞,而獄中的韓娜竟重新成了他的讀者和知音,他說:「韓娜變成了我一度投下所有精力、所有創意,和所有主要想像力的法院。」(頁160)

韓娜此時又再度成為他生命中的救贖,但諷刺的是,他竟然沒有一次去監獄探望過她。令他深感訝異的是,韓娜開始給他寫信了,她開始有勇氣去學習閱讀和書寫了,儘管字跡是多麼歪斜生澀,字句是多麼的簡短,都是一步步擺脫文盲,邁向自由的開始。他不擔心學會閱讀的韓娜可能不再需要他的錄音帶了,他依舊持續他的朗讀,因為朗讀是他對她說話,和她交談的方式。這個方式對他而言是既簡便而安全的,他以為他可以無限期的持續這種既舒適又自私的狀況,而幾乎沒有考慮到韓娜的心理和變化。

如果韓娜沒有學會閱讀和識字也就罷了,恐懼與罪疚感就不會如此之強烈。但韓娜終於透過閱讀,去了解她過往所參與涉入的納粹歷史,並試著要贖罪。了解過往可以帶來反思,

我想這也是作者經由故事情節想要傳達的主題，但是透過閱讀或書寫到底可以帶來多少程度的反思，以及要用什麼方式來回應或贖罪，則是一個難以解答的課題。這是個罪與罰的故事，包裝在一個以情慾為出發點的朗讀行為中，表面上是為愛朗讀，但愛的基礎相當薄弱而缺少說服力，因為它是單向而自私的。一個能勇敢去愛的人，他應該是個光明之子，而不是走在暗中，耽溺於一己之私的人。在獄中的韓娜多麼渴慕麥克的信啊，即使只是片紙隻字，也會是她無比的安慰，但麥克卻是如此吝於給予。韓娜選在假釋出獄當天清晨自縊，彷彿這是她對整個國家體制與個人命運的無言抗議，無疑也給麥克灰暗消沉的一生投下一枚強而有力的震撼彈，讓他驚覺，畢竟韓娜曾是他愛過的一個活生生的人，而不只是一個文本，或是隱身在文本背後的作者。

或許他曾把韓娜當作隱身在文本背後的作者，藉著朗讀，達到酣暢淋漓的快感，彷彿找到知音一般，全身投入她的懷抱，進入她、享受她。韓娜只是他美感與想像的化身，也是他青春時代的女神，時過境遷，他無法接受她老邁的事實，尤其不能忍受她身上老婦人的氣味；氣味不對，一切也都走了樣。所以迴避是他的姿態，而閱讀與書寫則是一種面具。雖然閱讀與書寫都是一種面具，但它也需要很大的勇氣，或許能得到暫時的解脫，但卻不是終點站，就像《奧德賽》的故事一樣，既有目的又沒有目的，既成功又徒勞，它是生命的樣態之一，卻不能代替經典，成為人生永恆的指引；因為唯有「愛」才是永遠值得追求的方向，而它必須以「我願意」為出發點，向它委身與敞開，並高聲地朗讀，才能建立親密的而穩固的關係。

愛的文本不是炫目的激情，帶來短暫片刻的歡愉，而是通往真理的生命之歌，一遍一遍的傳唱，永不止息。

雅俗共賞，玩繹方美
——進入詩藝國度

陳惠齡

國立新竹教育大學語文學系助理教授、國立中山大學中文系兼任助理教授。研究領域為台灣文學、現代小說、文學理論與批評。曾以〈試析白先勇《孽子》追逐的永恆家園〉一文，榮獲賴和博士研究生論文獎。著作有《臺灣當代小說的烏托邦書寫》、《現代文學鑒賞與教學》，並發表三十餘篇論文於國內各學術期刊及報章雜誌。

一、楔子——生命中最直覺的敏感與美學

捷克曾受異國奴役統治長達三百年，在風雨飄搖的喧囂亂世，詩人往往被看作是民族的發言人，每當民族遇到危機時，捷克人民不看領導人怎麼說，而是看詩人怎麼說。1920年的捷克文壇表現以詩歌最為亮眼，獲得諾貝爾文學獎的詩人雅羅斯拉夫·塞弗爾特（Jaroslav Seifert）在身患重病時，門外群眾聚集，可見捷克人對詩人的敬重和對詩歌的熱愛。前捷克總理瓦茨拉夫·哈維爾（Václav Havel），從階下囚到統治者，同時也是詩人和劇作家。詩歌與文學對於捷克人的重要性，等同呼吸

與飲食，精湛的人文素養使得布拉格一直是歐洲文化的重鎮與核心。

諾貝爾獎得主聶魯達（Pablo Neruda），是二十世紀偉大的拉丁詩人。如果到智利旅行，從機場走出來，隨意招攔一輛計程車，當地的計程車司機會很驕傲的對觀光客說：「你們知道我們國家的國寶詩人聶魯達嗎？沒聽過？」接著，司機便開始滔滔不絕地介紹聶魯達，並且琅琅朗誦聶魯達的詩句。如果，台灣也能有如此高度的文化水平，當觀光客走出桃園中正機場，我們的計程車司機也能以優雅的姿態，伴隨熱情的口吻對外國乘客說：「你們知道我們中國的李白、杜甫，還有台灣的鄭愁予、余光中嗎？不知道？來，我朗誦給你們聽！」若有那麼一天，台灣或許能夠結束族群撕裂、冷戰和對峙，在詩歌的薰陶下，重現盛唐以詩築城、以詩往來的黃金時代。

詩乍看短小輕盈，但在眾文類中，詩卻最能夠直達我們心中最幽微的地方。希臘哲人亞里斯多德將哲學與邏輯推理並立，他講的修辭學，其實是一種「雄辯術」。愛爾蘭詩人葉慈（William Butler Yeats）曾說：「我們與他們爭執，產生了雄辯。」至於我們與自己爭執，則產生了詩。如此便可得知「詩」的文體特徵，介於可解與不可解之間，詩人與自我心靈對話，讀者似懂非懂，因此意趣橫生。讀者藏在狹縫中，藉著微光「偷聽」詩人說話，若是夠幸運，便可從一枚貝殼的低喃當中，窺得整座海洋的澎湃和驚濤裂岸。

顧羨季在《詩詞講紀》一書中，曾將詩人與哲人作一區隔，他說：「詩人情真，哲人理真；詩人是欣賞寂寞，哲人是處理寂寞；詩人無法，哲人有法；詩人放縱，哲人約束。」所謂「詩人情真」，當是詩人講求以直覺、直觀的美感，直接欣賞與品味這個世界；「哲人理真」，哲人追求的是如何解釋這個世界，要求的是真理。因此，哲人用智慧和理性觀點去處理

寂寞，而詩人則是欣賞寂寞，品味寂寞，所謂「詩心」就是千古「寂寞心」。在失意的國度中，他們非常反動，總是以陌生化的文學手段進行一次次的實驗和改革。所以「詩人無法」，不要用框架限制詩人。「哲人有法」，哲人則自宇宙中體悟出可作為生命圭臬的法則。總結而言，詩人放縱；哲人約束。從上述的例子，我們對詩應該有約略的了解和認識。

二、詩的邂逅──詩就在你我的生活裡

詩絕對離我們不遠，它就像秋天的落葉，俯拾即得，生活中，只要留心捕捉，週遭隨處可見。簡媜在〈聖境出巡──菜市場田野調查〉中紀錄採集小販們的叫賣詞有：「賣你品味，不是賣你穿出去滿街開同學會」、「昨日的名牌，今日路邊攤」……忽然聽到有人大叫：「乎你阿嬤變阿姨，阿姨變大姊，大姊變小妹，小妹變幼齒。」這些叫賣詞，都是尋常而不俗的詩句，小販藉此吸引路人駐足，窺探葫蘆裡到底賣的是什麼藥。各行各業都有很多特別的術語，也都可以把它當作詩句，像是無線計程車的行話術語：「滿天星」（乘客很多）、「屏東一條蟲」（南區大排長龍）、「甜甜圈」（圓環）、「手足站」（「兄弟大飯店」站），都有很棒的詩意。誠品夏季廣告文案：「夏天在520，推翻了春天的政權。」在巧妙的詩意中，也有很濃的政治意味。

「詩」在西方的界定中，包括所有的文學，因此定義是非常寬廣的，所謂《詩學》著重戲劇，亞里斯多德尤其強調悲劇。而一般眾人所談的詩，即是韻文體中狹義的詩，希臘哲人希羅多德將詩人定義為「maker」，意思是「製造者」、「創造者」，詩人著重表現，而非再現，是一無中生有的製造者。詩是非常夢幻的、反動的、個人的，詩的原始本質是以抒情為

主，展現人類最想說卻又從來沒說過，又不能不說，又只能這麼說的話。詩具有階級特徵，讀者偏向小眾，詩是為知音而寫。詩必須圓潤飽滿，如同散發異彩的珍珠。詩的文字密度極大，詩的質感必須晶瑩剔透，任何時候都散發異彩。詩是一種歌唱，它是詩人的呢喃、夢囈和低語，詩人本就不與讀者說話，詩人總在自言自語，唱歌給自己聽。

詩又好比一隻小鳥，永遠會從分析的牢籠中飛逸而出，因此百科全書將「詩」解釋為：「幾乎無從定義」。故此，我們只能根據詩與其他文類的區隔，以反推法得知什麼不是詩。

但在另一方面，詩卻可以在苦難中靜定慌亂的人心，911恐怖浩劫時，美國公共廣播電台朗誦英國詩人奧登（W.H. Auden）的〈1939年9月1日〉一詩，即作者當年聽了納粹德國入侵波蘭時所撰的反戰詩，並在網路上頻繁傳遞和張貼，提醒人們必須和平相愛而非敵對，並安慰了飽受苦難的人。

詩是反動的，強調持續不斷地推陳出新。詩是革命性的，無法加以框設，隨時隨地挑戰我們的語言，甚至把它割裂。詩把所謂的邏輯思維、慣性思維通通打散，然後重新組構，因此詩具有陌生化的效果，例如余光中說：「今夜的星空很希臘。」即是打破我們思維的既定模式，賦予頭頂上的天空一個重構後的陌生意象，藉由詩意獲得全新的感覺，同時擴延視野。而黃春明也認為閱讀文學作品時，如果心有所感，就會產生感動，這就是善的力量在作用。因此，生活有詩，即有美善之念存之。

三、詩的鑑賞——感知‧玩味‧鑑別

對於詩的簡易鑑賞，即是讀詩。首先，挑一首詩，看了第一遍，不懂，再讀第二遍，還是不懂，而且不喜歡，便可捨

棄，繼續尋找與自我心靈符契的詩。找到喜歡的詩，讀過之後，稍可體悟兩三分，保留最原初閱讀的感覺，而後去參看有關這首詩的評論，再疊加原初的感覺，便能進入「研賞」的領域。研賞的深淺，每個人都不同，例如三讀《唐吉訶德》，從嘲笑、深思到流淚，逐次提昇閱讀層次與境界。

詩最重抒情的本質，從抒情本質出發，可分成三個層次，依序為：「情懷」、「情思」和「情趣」。詩本就可以寄託個人理想，即傳統的「詩言志」，這是一種「情懷」，例如漢高祖的〈大風歌〉：「大風起兮雲飛揚，威加海內兮歸故鄉，安得猛士兮守四方。」一般詩人所寫的詩，都是個人的抒懷，詠懷當然是屬「情思」部分，像是詩聖杜甫，詩作中有悲憫浩歎的情懷，但也不乏有個人深思與悲感，屬於個人「情思」的作品，例如〈奉贈韋左丞丈二十二韻〉：「……朝扣富兒門，暮隨肥馬塵。殘杯與冷炙，到處潛悲辛。……」而美的定義乃指必須成功表現內容，也就是必須安放於一個最恰當的形式之內，跟內容做連結，因此所謂「情趣」，即藉由形式轉向為內斂深廣的內容。所以「詩意」與「詩藝」之間必須講求高度的平衡，才能達成美感與趣味並具的效果。有關詩趣、情趣部份，可舉宋詞為例，宋詩一般比較具有理趣，具有哲理性，如蘇軾〈題西林壁〉：「橫看成嶺側成峰，遠近高低各不同。不識廬山真面目，只緣身在此山中。」再讀楊萬里的〈桂源鋪〉一詩：「萬山不許一溪奔，攔得溪聲日夜喧，到得前頭山腳盡，堂堂溪水出前村。」作者將溪水擬人化，藉由形象形式的思維，帶出自己的人生哲理。這就是詩的情趣表現。

詩表現全人類的共有狀態，改變的只是形式，即使時代背景改變詩人的創作手法，但所要傳達的精神卻是千古不變。古人縱然寫的是詠景詠物，而所有的景致描寫，所呈現的就是詩人的「詩心」，人在詩中扮演重要角色，因此，詩呈現了最直

覺的敏感與美學。例如洛夫〈雨中過辛亥隧道〉書寫火車入山洞與出山洞之間，兩種截然不同的心境感受：「入洞／出洞／這頭曾是切膚的寒風／那頭又遇徹骨的冷雨／而中間梗塞著／一小截尷尬的黑暗／辛亥那年／一排子彈穿胸而過的黑暗／轟轟／烈烈／車行五十秒／埋葬五十秒／我們未死／而先埋／又以光的速度復活／⋯⋯。」

　　無論詩的形式如何變化，詩都必須紮根於生活之中，在人性的土壤中植栽與茁壯。乘著思維的羽翼，如同搭著熱汽球在空中翱翔，但終究要降落人間。若文學與藝術無法使讀者有所感動和啟發，藝術便只是虛幻飄渺的空中樓閣，無法順利傳達思想和達成共鳴。

四、尾聲——向詩

　　詩離我們並不遙遠，從讀詩的過程中，透過美化貧瘠的語言，豐富平凡的畫面，逐步探掘生活的趣味。貼近詩，便能與無數的詩心對話，在廣闊的詩海中，不斷尋覓知音。此刻，你與我「詩奔」了嗎？

中國大陸當代科幻小說概述

傅吉毅

中央大學中國文學系博士候選人,現為清雲科技大學、龍華科技大學、萬能科技大學兼任講師。著有《台灣科幻小說的文化考察(1968-2001)》(秀威)。

一、前言

　　近來隨著兩岸頻繁的交流,有關中國大陸的科幻小說不論是在台重新編排出版或藉由代購等方式購買,台灣讀者已可經由多種方式閱讀到中國大陸當代科幻小說,然而由於以往相關資訊的封閉,再加上對於科幻此邊緣文類的忽視,比起其他文類而言,台灣對於中國大陸科幻作品的認識相對較少,因此,冀能透過本文,讓台灣讀者對大陸科幻發展有一概略瞭解。

　　科幻小說在中共建國後的文藝體制下,係歸屬於「科學文藝」此一類別,且又置於「科普」(科學普及)項目之內,所以其最初的目的,即是希望透過將科學佐以小說的方式來推廣科學知識,以達啟蒙的效果,因此這樣具功利性的目的使得早期的科幻小說往往呈現出科普化的特徵。但隨著時代的演變及作家的自覺,此種具有針對性、目的性的觀點漸漸受到質疑,經過不斷地爭論和作品的呈現,致使人們慢慢地認識到科幻不

必然要與科普劃上等號，遂讓科幻創作產生本質上的變化，漸漸脫離了科普的功能，進而擴大了小說的思想內涵。然而，雖說如此，但綜觀中國大陸當代科幻小說的發展，仍然可以發現由政治體制和意識形態所形塑出來的主導文化介入科幻小說創作的痕跡，而在如此的規範影響之下，科幻創作也適度地呼應著當時代的主流意識要求，雖然進入九〇年代後，政治力影響漸趨減緩，但也或多或少成為科幻作家創作時必須考量的重要因素之一。以上這些皆是我們在閱讀中國當代科幻小說時必須了解的基本背景。

二、備受壓抑的中國科幻（九〇年代以前）

大陸知名科幻作家和評論者葉永烈曾指出中共建國後至八〇年代中期曾有三次科幻小說高潮，分別是1957年、1962-1963年、1978-1983年，而這三個階段何以會產生科幻小說的高潮，與當時的政治政策實有所關連，如1957年的「向科學進軍」、1962-1963年的「文藝八條」，以及1978年在「四個現代化」背景下所延伸的「科學的春天」的口號。由此，明顯地可以看出在九〇年代以前，中國當代科幻小說發展實與當時的政治氛圍息息相關。

如五六〇年代的科幻小說，題材中大多與工農兵的生活息息相關，常見的情節是由某位新聞記者來到某個工廠、農場或軍事要地進行採訪，採訪的目的無它，只為了呈現在經過工農兵人民辛勤勞動之下的「卓越」、「豐碩」成果。如遲叔昌〈割掉鼻子的大象〉中，以一名記者（我）奉派至「國營農場」採訪「大戈壁國營農場豐收的新聞」為起始。其中原屬荒蕪之地「黃沙連天、寸草不生」的大戈壁在經過一番建設之後，變成了綠意盎然、嶄新繁榮的先進城市。而農場成果是

一群體胖如象的「白豬—奇蹟72號」，這群經過科學技術所改造的豬隻，不但「一頭有十二噸半」，且肉質鮮美、營養豐富，是基於科學技術所產生的「奇蹟」。類似如此的科學技術「奇蹟」充斥在當時大多數的科幻小說中，如肖建亨〈蔬菜工廠〉、遲叔昌〈大鯨牧場〉、于止〈失蹤的哥哥〉、鄭文光〈火星建設者〉……等，這些都充分體現了當時文藝政策要求文學必須「積極性」、「正面性」、為工農兵服務的政治訴求。

時序進入七○年代中期，隨著文化大革命的結束，被迫停筆的科幻作家再度執筆創作，但已漸從以往「見聞式」的模式轉向對於社會、生活，甚至對文革的反省，如1980年由金濤所創作的〈月光島〉可說是這波科幻小說反省文革的重要代表作品。故事中原本前途看好的知識青年因受政治風暴的牽連而被發配到荒涼的月光島上，之後遇見同樣遭受迫害的女主角，在兩人同心協力下，使得科學研究有所突破，雖說如此，但政治風暴終究迫使兩人必須分開，最後故事則是透過來自天狼星的外星人角度進行批判。此故事無疑是當時對文革反省的一個註腳。如此將科學幻想置於情節推展的次要地位，突顯社會批判、面對現實的意圖，是以往著重科普趨向的科幻小說的重要轉變，此類作品尚有鄭文光的〈地球的鏡像〉、〈命運夜總會〉、《飛向人馬座》、葉永烈〈腐蝕〉、宋宜昌〈V的貶值〉、童恩正〈珊瑚島上的死光〉……等作品。

三、逐漸崛起的中國科幻（九○年代以後）

進入九○年代後，隨著中共逐漸減緩對文藝的控制，再加上商業體制的影響，中國科幻呈現出另一波蓬勃發展的趨向，

然而不同於以往三次發展高潮中受政治力左右甚深的現象，此次科幻雜誌則扮演主要的動力與影響力，其中四川《科幻世界》、山西《科幻大王》等科幻雜誌的介入，更擴大且培養了許多作者和讀者群，如《科幻世界》便宣稱有三十萬讀者，其影響力便不容小覷，而新一代科幻作家的崛起也或多或少透過相關科幻雜誌為廣大的中國讀者所認識。

在新一代科幻作家中有幾位更是值得期待，如王晉康對生物科技、人類群體命運的探討（《十字》、《蟻生》）、星河對於網路文明的想像（《決鬥在網絡》）、劉慈欣對於高科技、外星文明的描繪（《球狀閃電》、《三體》）、韓松對於歷史的重新建構（《紅色海洋》）等，皆有許多各具特色的長短篇科幻小說，其中不論寫作技巧、內容、主題上皆比以往科幻作家來得進步許多，雖然相較於國外成熟科幻作品而言，其仍有成長的空間，但透過他們的作品亦可以窺見中國作家的想像力之豐富。

總之，中國大陸科幻小說進入九〇年代後，整體的素質經由作家們不斷地摸索，不斷地在進步，並逐漸擺脫以往科幻為「科普」等政治性目的，相信順此發展，中國科幻小說是值得讀者閱讀與期待的。

談蘇偉貞《時光隊伍》
之悼亡書寫

楊雅儒

臺灣大學臺文所碩士，目前就讀中央中文系博士班，碩論《臺灣當代小說中民間信仰書寫之研究—以九零年代後為觀察對象》。曾發表〈臺南大天后宮月老靈籤特色之研究〉、〈紀實‧存在‧硬頸精神—論李喬的飲食書寫〉、〈集體染病的城鎮—論宋澤萊《骨城素描》〉、〈唐捐散文中「父親形象」的書寫〉、〈鬼話在現代女性小說的意義—論李昂《看得見的鬼》、郝譽翔《幽冥物語》〉獲第三屆民間文化青年論壇評審獎。《民間文學百科》（與葉恩慈合著）。

一、啓死生之程，轉光陰之河

你終於了解，活過來的人，才真正明白死亡是什麼。——《時光隊伍》

《時光隊伍》，由卷首標題「張德模，以你的名字紀念你」，即表明以丈夫張德模為書寫對象。小說以凝練筆調，處理摯愛／至親從生命退場之心路歷程，夾雜寫實虛構，充滿「死／生」寓意，無不引領讀者情緒入境。作者意在打破由生到死的宿命架構，通過小說內容，可發現作者不冀求生世情意

相續，然其悼亡又非全然訣別，而是企圖透過書寫爭取一些終究指向死亡之外的意義：啟程，不純粹故事中亡者進入另一世界，更因作者側面「立傳」為客體展開「再生」之旅；時光，縱然無法暫停，卻因作者記錄與杜撰，延續書寫客體之生命形象。

　　小說通過有形、無形載體，時空交錯，分割與組構悼亡之傷感與文化歷史觀，無論實有空間、抽象的精神層次或人倫關係，均揭示多重意涵。張德模，作為故事主角，作者一一展開了主角的性格特徵與其身份認同。為「夫」立傳，除了安放身為「妻」／未亡人身份的情感，也意在樹立某種「典型個性」之不朽，以進入「時光隊伍」。作者與丈夫均出身眷村，為政戰學校影劇系學長／學妹關係，蘇偉貞籍貫廣東番禺，張德模為四川人，軍校生涯對二人影響皆深，蘇偉貞亦嘗自述軍中生涯對她的影響（作者20歲考入政戰學校後至32歲交出退伍報表期間，軍中生涯對她的影響甚重。）可由軍中訓練與拔營譬喻可觀想夫妻二人相似背景下的革命情感。小說以拔營為喻意味離開、紮營代表人生旅程，通過陪病如「駐紮守城、調兵遣將」等形容，似說明無論人生或抵抗病魔，均存在「戰鬥」本質。「鬥士」、「鐵漢」——正是全書力要展現的張德模。為了建構立體的張德模形象，小說藉張氏家族的悲歡離合，串起其流浪之點（張德模個體經歷）、線（張家數代的歷史）、面（一九四九年隨軍隊來臺的親朋好友與世代之集體記憶）。「移民者無祖國」一語，指出張德模一生的困境與認同意識，這些情緒與意識背後，則充滿時代背景造成的情非得已。歸返，在文中包括了生死的生命歷程、作者與丈夫多次一同或分別到大陸各地（如：長春、西安）遊賞古蹟，及作者指稱病者凝望窗外，認為北方大概下了雪時，提出「死亡航道，往往與追尋航道重疊著，……」無一不意味思鄉、返家的念頭和行動——即使是經過轉化的。

二、為什麼是這批國寶？

　　《時光隊伍》除承載厚重情感外，也匯聚大量知識與文明國寶之遷徙移動，將其書寫對象移入更巨大的容器，找到接軌之所在，因此展開似史似文，非史非文的書寫。小說出現北京人化石、龍骨，與臺靜農、王國維、羅振玉、陳寅恪、陳方恪等人物，上推徐霞客、蘇東坡與其寒食帖。被提及的人物與珍寶，多指涉「離散／流亡」的旅程，一方面抒發情感，一方面使個體的死亡事件壯大，為某時代與集體排序、見證與傷悼。作者既要為逝者找尋歷史脈絡，讓他得以進入作者心目中的時光隊伍，同時，藉由客體之亡逝，建立自我歸屬，羅列自我認同的隊伍。

　　因此，文化的認同建構與收編是明顯意圖之一。書中舉列許多隨國民政府來臺的重要文化人士，意在勾勒大時代流離的輪廓，小說著重民初文化人士的經歷及其學養背景，而非大力著墨蔣氏政權遷移、流轉或軍隊事蹟，除了托訴自我理想，亦某程度對抗近年來流行之本土論述及反對「去中國化」的意圖，進而指出藝術文化的永恆性，力圖再現集體「文化中國」的情懷。

　　重構歷史、建構認同是九〇年代後許多家族史小說極力爭取言說的。《時光隊伍》人物的系譜串連，似有意與本土史觀論述相抗，別於或近期施叔青、李昂、陳玉慧等類歷史建構的小說，貫串的軸線多以「清末／日本／皇民／志願兵／二二八／戒嚴／解嚴……」為主。蘇偉貞以「夫」的生命歷程，闡述自我認同與詮釋：「你俯身吻進他腦前額頁，如此完美頭形，叫他原始人真人北京人……一定是這樣，不屬於人族的類人族，五十萬年光年輪迴了幾百世，猿猴由地面站起成為直立人，原來是這樣的：『張德模，遺失的北京人，我們找到

了。』」將逝者與北京人作喻,從人類原始作為開端,再次將逝者納入永恆且最初的時光體系,更讓我們思索「北京」在文明上的意義外,尚有地理、政權上的北京意義,如:蔣氏政權流亡。政權的移轉與流浪成謎的北京人化石似相呼應,對於當年政治權力的角逐與喪失,回到這段文字,其認同與說法是否意要指向其史觀脈絡與血統的純正性呢?或者將個人/時代之鄉愁推往更根源的文明初始?循此,是否可說,小說收編的人物,反映作者有意逆反近期書寫風格與論述,透過再現集體流亡歷史,對八〇年代後「中國符號/臺灣意識」場域的競逐樹立自我觀點。

三、切割或延續?

悼亡書寫究竟是延續抑或切割之儀式?擬時光隊伍的存在,又自稱世間的倖存者、被愛侶遺棄的落難者,似要為死別,找到新的可能性,即將來自己也會進入那行隊伍。靈魂真能不滅?逝者在另一空間過得好不好?——皆抒情主體期盼與客體得以神秘牽繫的主要關懷;然而,又要客體切莫相尋,則是害怕情感一再提起,一再失落的痛苦。衝突矛盾無論作者有意或無意識透露,均說明抒情主體情感強烈。該書最特別是充滿「偽」章節,既寓托生命宇宙觀,也隱含希望張德模的經歷為「偽」死亡,更意味對現實的無奈、甚或怨刺。書寫的開始是勇氣,完成是殘忍,就悼亡主題來看,此治/自療之書,體現生命普遍情境;而沒有一部作品可被孤立於其他作品之外,無論其歷史建構能否獲得強烈共鳴,其悼亡與招魂某程度達到延緩終止和凝聚某群體認同之意義。

詞藻警人，餘香滿口
——《紅樓夢》的語言藝術

朱嘉雯

佛光大學文學研究所副教授，中央大學中文所博士。

一、前言

我們常說，好的文學作品其語言含蓄渾厚，詞句耐人細細
品味。而《紅樓夢》之所以成為文學經典，其中道理便可從原
作者最為人所稱誦之經典名句的修辭意境中，尋求解答。

例如第十一回作者描述秦可卿病危，在尤氏道出病情之
後，「鳳姐兒聽了，眼圈兒紅了半天，半日方說道：真是天有
不測風雲，人有旦夕禍福。」其後的續書本，在這段話上做了
約略的調整，刪去了「半天」、「半日」二詞，使鳳姐兒的動
作改為：「眼圈紅了一會子，方說道……。」所刪語詞看似無
關宏旨，其實蘊含了王熙鳳當時十分傷感的情緒。她有好長的
時間說不出一句話來，那哽咽難言的神情，就是在這兩個看似
不經意的修辭中透露出來的。程高本的改動，表面上使得語句
趨於精鍊，卻反而失去了人物傳神的意態。於此也就大致可以

說明，文學家精心錘鍊的字句，捕捉了潛藏在生活裡，許多真情流露的動人時刻。

二、是瘋話？還是真話？

　　《紅樓夢》開卷詩云：「滿紙荒唐言，一把辛酸淚。都云作者癡，誰解其中味？」書中那些看似無理的呆話、瘋話，在我們讀完通篇，掩卷慨嘆之餘，卻也同時得到很深的體會。尤其是「女兒是水作的骨肉，男人是泥作的骨肉。我見了女兒，我便清爽；見了男子，便覺濁臭逼人。」這出於第二回的一段名言，是整部書提綱挈領的樞紐。我們對於賈寶玉性格特色的掌握，以及書中反對當時男尊女卑等新觀念的體驗，無非都是從這段表達方式奇特怪異的荒唐言語中開展出來的。它不僅給予我們深刻的印象，同時也使人沉思：世俗之見是多數人的觀念，卻未必是最高明或不可動搖的信念。作家以豐富的情感與其主觀的意志，表達出超越世俗的生命智慧，便是文字世界裡一顆顆千金重的橄欖，耐人品嘗其間豐富的滋味，也啟發讀者重新思考現實中一切既有的成規。其價值珍貴無比，受益者因而在無形而深沉的歷史黑夜裡，瞥見了人類文化思想中深藏著變化不盡的璀璨繁星。

　　繪形傳神確乎是《紅樓夢》作者用詞點鐵成金的特色之一。曹雪芹擅於以意義相近之語詞，分別體現個別人物的精神面貌。例如：第八回賈寶玉和薛寶釵正初次認識著彼此的通靈寶玉和金鎖，「話猶未了，林黛玉已搖搖的走了進來。」脂硯齋夾批寫道：「搖搖二字畫出身。」作為讀者，我們也彷彿看到了林黛玉窈窕的身段，和走路時娉娉柔弱的輕盈姿態。後世程高本將之改為「林黛玉已搖搖擺擺的走了進來。」加上「擺擺」二字，徒使林黛玉的形象失了端雅。在語言的比較中，我

們發現了原作者一字不可更改的非凡實力，能夠精確細膩地表達小說人物的形象與性格特質。

　　故事到了第二十一回，寫平兒整理被褥，發現了賈璉與多姑娘私通時遺留下來的一絡青絲，「平兒指著鼻子，晃著頭笑道：『這件事怎麼回謝我呢？』」平兒雖然不能苟同賈璉的行徑，然而當她指著自己的鼻子，晃著頭說話時，我們卻都可以想見，她因為抓到了賈璉的把柄，因而對賈璉微微地撒嬌著。這下意識的可愛動作，透露了她非常得意而又俏麗的一面。既有別於林黛玉大家閨秀的氣度，又適當地體現了作為一個小妾，夾在貪淫如賈璉和威淫如王熙鳳之間的真實處境。只是程高本將「晃」字改成了「搖」，平兒搖著頭，意思也是不予認同，只是這麼做反而拿捏不準平兒這個丫頭的地位與立場了。

　　曹雪芹著一「搖」字，盡得林黛玉風流裊娜之體態；又以一個「晃」字，摹擬出平兒在特定時刻，嬌俏多情的神貌。可知小說家用字遣詞的經營，但求熨貼於每一人物的地位、形象、性格與當下處境，同時也力求以精確的語言，施展角色恆常性與片刻間所盡有的一切風情。那也便是脂硯齋批語中曾經指出的文學標準：「一字不可更改，一字不可增減，入情入神之至。」作家於文字的高度敏銳，對讀者而言也具有潛移默化的效果。我們在《紅樓夢》裡所得到的美感經驗，往往是透過經典名句與篇章情節的賞析，進而逐漸掌握到人情之美，以及語文的價值，甚至因此通透了文本背後博大的哲思。因此我們可以說，領略了文學世界的廣袤與深細，同時也就通達了個人所身處的時代環境、天地乾坤與世俗倫常，這正是《紅樓夢》第五回裡的一句對聯：「世事洞明皆學問，人情練達即文章。」它說明了經典閱讀與體驗生命之間相輔相成的關係。

三、勿作閑文看

　　在小說的天地裡，流暢圓美的文學境界首先來自作者對世事人情的融通與體會。清代二知道人在《紅樓夢說夢》裡云：「太史公紀三十世家，曹雪芹只紀一世家。……然曹雪芹一世家，能包括百千世家。」不僅是百千世家，從賈雨村到王熙鳳，《紅樓夢》也寫進了自來熱中躁進、躊躇滿志，終又失意栽了筋斗的芸芸眾生。早在四大家族登場之前，作者便以賈雨村和冷子興的偶遇，提醒世人滾滾紅塵多為利慾所驅的事實。這些文字與情節的穿插安排，初讀之，使人以為只是作者信手拈來的幾段閑文，事實上，它與林黛玉進賈府以後的正文具有一致的行文特色：其結構佈局的綿密流暢，令人看不出斧鑿痕跡，似乎作者寫來毫不費力，便使眾多人物與情節安插得天衣無縫。其深刻處，依舊令人回味無窮。

　　那段閑文是這樣開始的：雨村一日閑居無聊，在風日晴和的飯後，出外閑步。這天偶然間來到了郊外，他便信步欣賞著山環水漩、茂林修竹的村野風光。忽然看見一座隱藏在林間的廟宇，其門巷傾頹，牆垣剝落，匾額題曰：智通寺，兩旁又有一幅破舊的對聯寫道：「身後有餘忘縮手，眼前無路想回頭。」賈雨村心裡想著：「這兩句文雖甚淺，其意則深。也曾遊過些名山大剎，倒不曾見過這話頭。其中想必有個翻過筋斗來的，也未可知。何不進去一訪？」走入看時，原來破廟裡只有一個老僧在煮粥。賈雨村問了他兩句話，那老僧既聾又昏，答非所問。

　　中國傳奇小說自來有煨芋的嬾殘一流人物，又像是《紅樓夢》裡的一僧一道，其貌雖不揚，而隻字片語已飽含了無窮的智慧。賈雨村生平遊過名山大剎，能領略村野風光和對聯的深意，他便是自古以來無數文人士大夫的表徵。生命長期涵詠於

人文與自然所交織的朗朗乾坤，同時宦海的載浮載沉也多少給予他們世事滄桑的歷練，因此他並不是愚蠢無知、眼界狹窄的人。只是終究與翻過筋斗的老僧失之交臂，這也說明了世人在現實功名之前，多不能醒悟的真實景況。如此，則又是作者行文之際，對人生最深的慨嘆。

「身後有餘忘縮手，眼前無路想回頭。」此語和太虛幻境裡形容王熙鳳的曲子詞〈聰明累〉互為呼應：「機關算盡太聰明，反算了卿卿性命。」到頭來，翻過筋斗的人所說的話，仍舊得翻過筋斗的人才能深切體認。世人都必須走一回相同的路，才不枉一生，也才能明白生命的意義與全部過程。閱讀像《紅樓夢》這樣的一部經典鉅制，如果不是以自我的生命長河與之交流，至少我們所領會的人世風光，是遠遠超過書中人物表面的幾度愛恨情仇與幾場悲歡離合。《紅樓夢》作者對現實人生的刻畫與反映，其細微處有個人情緒與精神形象的剖析；通篇格局的恢弘則又似江海，濤濤不盡地傾洩出全幅生命由迷惘而至豁然通達的具體歷程。

名句的賞析是我們登上這座綺麗殿堂的層層玉階，單看《紅樓夢》裡關於場景的描繪，就教人領略了文字花園的美景妙境。作者寫炎夏長晝時，用了「烈日炎炎、芭蕉冉冉」；寫秦可卿的出喪，說道：「寧府大殯浩浩蕩蕩，壓地銀山一般從北而至。」形容大觀園裡的落花清溪：「溶溶蕩蕩，曲折縈紆。」而迎接元妃的美麗夜晚，則更是：「香烟繚繞，花影繽紛，處處燈光相映，時時細樂聲喧。」此外，還有許多詩詞、曲文、諺語、對白……，是小說藝術廣納各種文體與百態人生的精緻展現。這說不盡的太平景象，富貴風流，歷來不知撩撥了多少讀者的慾望，讓他們重新回到文學故鄉溫柔的懷抱。

《西廂記》鑑賞筆記之一

林宗毅

靜宜大學中文系副教授，臺灣大學中文所博士。專攻「西廂」學，兼雜各家，愛以東君之光照遍戲內戲外人物善惡。

教了近二十年的《西廂記》，此時覺得有必要將口述內容稍作整理，聊供同好參考。將採較隨興的筆記體依劇本情節順序逐一紀錄，每次約兩三千字為一單元。文本採用里仁書局出版的王季思校注本。

第一本《張君瑞鬧道場雜劇》

〈楔子〉

重點1.崔老夫人的姪子鄭恒

崔老夫人一上場作了一番自我家世背景的介紹，除自己、夫主崔相國、長女鶯鶯、丫頭紅娘、幼兒歡郎，還包括姪子鄭恒，也就是她未來的女婿。文中提到：

> 鶯鶯……。老相公在日，曾許下老身之姪——乃鄭尚書之長子鄭恒——為妻。因俺孩兒父喪未滿，未得成合。……先夫棄世之後，老身與女孩兒扶柩至博陵安葬；因路途有阻，不能得去。來到河中府，將這靈柩寄

在普救寺內。……一壁寫書附京師去，喚鄭恒來相扶回博陵去。……

　　此劇時代在唐德宗朝內，故所謂「京師」是指長安城。有趣的是，鄭恒接到信之後趕來普救寺，已經是隔年春天的事。也就是從陝西長安城東至陝晉交接處的河中府，整整行進了一年，這透露了甚麼訊息？有人認為不需要走這麼久；有人認為鄭恒遲至第五本第三折才出現，不符劇本體製規律；有人甚至說鄭恒是子虛烏有的人物，是崔老夫人為了賴婚才杜撰出來的女婿……。其實，這都跟作者安排鄭恒晚出的目的有關，亦即透過一些伏筆，暗示觀眾和讀者，鄭恒人品究竟如何？

　　首先，值得注意的是，鶯鶯終身大事早已決定，若鄭恒是她心儀之良人，傷春之餘，必不致感受到自身青春消逝如「花落水流紅」，故鄭恒恐非其心儀者。其二，對比後面情節中張珙和琴童往來京師與普救寺之間的腳程，約略可知鄭恒對扶姑丈靈柩回河北博陵安葬一事，根本不放在心上，實有負於姑媽對他的倚仗，更隱約透露此人難以託付終身幸福。所謂腳程，張生在貞元十七年二月上旬、暮春時節遇到崔鶯鶯，秋天被崔老夫人逼迫赴京趕考。隔年春天大比，一舉中第，待了一段時日，當季除授河中府而再度回到普救寺，也才慢了鄭恒趕來搶親一天。再者，張生考上狀元，曾先遣琴童往普救寺報佳音，之後琴童再攜鶯鶯交付的六樣信物回長安，時間點都只是在春天當季。又據聞清慈禧太后於八國聯軍攻清時期，倉皇西逃，中途續從晉之太原逃往陝西長安，也只花了十餘天，更何況太原距長安更遠。所以說，作者從時空的背景已然向各位暗示了腳程之慢得離譜，正是人物處事之怠慢。《西廂記》作者王實甫始終未明白交代鄭恒遲到的原因，李日華的《南西廂記》乾脆戳破說鄭恒在京吃喝嫖賭了一年。足以證明作者安排

鄭恒晚出場,實有其因;也顯示鄭恒在劇中不可能是子虛烏有的腳色。杜撰之說更屬可笑,中國傳統戲劇之上場白不會騙觀眾的,且崔老夫人如何預知有孫飛虎圍寺、張生獻退賊之策等事,而先謅出一個鄭恒來備為賴婚之用?

重點2.崔家母女價值觀的相異

老夫人在上場白末尾感歎了幾句:

> 我想先夫在日,食前方丈,從者數百;今日至親則這三四口兒,好生傷感人也呵!

且接著唱:

> 【仙呂】【賞花時】夫主京師祿命終,子母孤孀途路窮;因此上旅櫬在梵王宮。盼不到博陵舊塚,血淚灑杜鵑紅。

很明顯,崔老夫人的感傷源於今昔之比,今不如昔主要是崔相國「京師祿命終」,而加上「至親則這三四口兒」,歡郎未成年,第二折又提到崔家「內外並無一個男子出入」(頁20),所以,崔相國靈柩要運送回博陵舊塚,就須喚成年男子鄭恒前來保護。而這一切都可視為家道中落,也因此未來的女婿勢必要是門當戶對且能振興家道者。但奇怪的是,鄭恒與張生家世彷彿,也是禮部尚書之後,父母雙亡,功名未遂,卻一直被娘家姓鄭的崔老夫人排除在親上加親的勢利眼外。故此處的「門當戶對」指的應是如崔鄭士族式的聯姻,而非張生一類的竹門小戶。因此,這傷感中帶出了崔老夫人根深蒂固的價值觀。

至於女主角崔鶯鶯的價值觀在楔子中並不是那麼明顯，隨著往後情節就會明朗。但從鶯鶯的感歎中，亦不難窺知與其母並不相同。前邊已提到鄭恒非其心所屬者，因而有如下之感傷：

> 【么篇】可正是人值殘春蒲郡東，門掩重關蕭寺中；花落水流紅，閒愁萬種，無語怨東風。

　　感傷之中並無一詞提及老母的嘮歎，而是觸景傷情，看到落花在水面流成一片紅，那不是花朵緩落之美，而是怵目驚心般的淒美。落花之落有先後，流水有不息之速，何種情況水面會是一川皆紅，唯驟風不停，落紅撲簌，方有可能。因此，崔鶯鶯怨東風之無情，讓花欲暫留一瞬於枝頭上也不能。一如她將嫁給不喜歡的鄭恒，無力拒絕父母之命，只能默默接受，埋怨造化的作弄如無情的東風。假如觀眾尚有印象，陸游與唐婉的愛情婚姻中，【釵頭鳳】中的那句「東風惡」指的不就是拆散兩人的陸母？從此一角度看，這「無語怨東風」的影射也就不言而喻了。

　　再者，《西廂記》之主題其實就是歌頌愛情，而欲彰顯愛情力量之大，就將男女主角置之死地而後生。就崔鶯鶯而言，於時，孝服未脫，婚姻已訂，愛情似已與之無緣；於地，「門掩重關蕭寺中」，一重重的門局限了她，縱使出得去，所見都是方外之人，這也是作者讓崔家借宿和尚廟而非尼姑庵的用意，崔老夫人所謂的：

> 這寺是先夫相國修造的，是則天娘娘香火院，況兼法本長老又是俺相公剃度的和尚；因此俺就這西廂下一座宅子安下。

　　此等云云都是障眼法；更不用理會金聖歎謂西廂在普救寺西鄰之強解了。至於男主角之處境亦然，留待第一折再談（與金庸《神鵰俠侶》中將楊過和小龍女愛情死灰復燃於「絕情」幽谷筆法一樣）。

重點3.崔老夫人是嚴母，卻也有慈愛的一面

　　很多文章或觀眾、讀者誤將崔老夫人批為毫無人性或母性的相國夫人，其實她也是常關心女兒的，如感傷家道中落後即想到：

> 今日暮春天氣，好生困人，不免喚紅娘出來分付他。……你看佛殿上沒人燒香呵，和小姐閒散心耍一回去來。

　　雖說「佛殿上沒人」是指無陌生男子出沒，規定挺嚴苛的，但就是這一剎無心（有心？）之慈愛，方讓世上原無交會的崔鶯鶯與張生在那一刻一見鍾情，也才有了這部《西廂記》。

淺談杜甫入川行旅

謝永茂

嶺東科技大學觀光系助理教授，香港珠海大學文學博士，擁有
導遊與領隊執照，旅行從業經驗21年。研究專長：旅行文學，
興趣：旅行、閱讀。

一、前言

　　（清）浦起龍在《讀杜心解－纂年譜》中記載：乾元二年七
月，公棄官，西客秦州。十月，往同谷。不盈月，入蜀至成都。

　　時值公元七九五年，杜甫年四十八，因為上書救敗戰的舊
知好友房丞相，而得罪了肅宗皇帝，被貶為華州司功參軍。當
時關中地區治安紛亂，物價飛漲，杜甫的生活甚感艱難，不久
即棄官，西去秦州，另謀生計。住了一段時間之後，以為同谷
縣的生活條件較佳，又往成州同谷縣定居，沒想到現實並非如
杜甫所臆，又逢深秋，天寒日暮，草木不發，生活困頓已極，
遂又動身前往成都。

　　這一段流離輾轉的經過，杜甫前後作有紀行詩各十二首
〈自秦州往同谷〉、〈又自同谷往成都〉（共二十四首）在卜
居同谷時，更寫下了著名的〈乾元中寓居同谷縣作歌七首〉
（又稱〈同谷七歌〉）。這些作品，生動的描述了杜甫在同谷

定居時生活的窘況，以及這一路以來的流離轉折，與旅途中所見所聞。

杜甫苦學有成，才華自顯，最重倫理，一心嚮往著報效國家，如若能得到賞識，必將會有一番作為。然而他的一生，卻親歷三朝之變遷，眼見大唐帝國由盛而衰，其人生際遇，亦隨之流轉催折，終其生未能一遂青雲之志，卻變故、征途、庶務交關，顛沛流離恰似漂萍。但也是如此的起落人生，看盡帝國餘暉，自然流露出悲天憫人、憂國憂民的胸懷，而能有動人心弦的作品傳世，成就一代「詩聖」之名。

二、首途

乾元二年七月，杜甫居秦州，聽聞同谷氣候宜人、風土之暖，利於無衣，物產豐盛，利於無食。對於一向缺衣少食、生活困窘的杜甫而言，這真是一個好地方。心動之餘，乃於十月自秦州首途同谷，沿途作〈發秦州〉、〈赤谷〉、〈鐵堂峽〉、〈鹽井〉、〈寒峽〉、〈法鏡寺〉、〈青陽峽〉、〈龍門鎮〉、〈石龕〉、〈積草嶺〉」、〈泥功山〉、〈鳳凰臺〉等十二首紀行詩，固為抒發心情，也為這趟旅程留下紀錄。

此時的杜甫可說是興高采烈，在〈發秦州〉中首四句即說明前往同谷的原由：

> 我衰更懶拙，生事不自謀，
> 無食問樂土，無衣思南州。

自言因為生活無著，缺衣少食，所以想往一個氣候溫暖、謀生容易的樂土。他所聽說的同谷縣，為漢江發源地，山清水秀，是個物產豐盛、氣候宜人的地方：

漢源十月交，天氣涼如秋。
草木未黃落，況聞山水幽。
栗亭名更嘉，下有良田疇。
充腸多薯蕷，崖蜜亦易求。
密竹復冬筍，清池可方舟。

因此，杜甫自言：雖傷旅寓遠，庶遂平生遊。

自秦州出發後，西南七里，有赤谷川，杜甫車馬踏上旅途，纔感受到輾轉流離之苦，詩〈赤谷〉：

晨發赤谷亭，險艱方自茲。
亂石無改轍，我車已載脂。
山深苦多風，落日童稚饑。
悄然村墟迴，煙火何由追。

可以看出真正踏上旅途之後，杜甫的心情其實十分複雜，對於要一再地流離旅途，也有深深的無奈。

旅次鐵堂峽，放眼望去，但見四面群山環抱，縹緲險絕，感動之餘，作詩〈鐵堂峽〉：

硤形藏堂隍，壁色立積鐵。
徑摩穹蒼蟠，石與厚地裂。

將巍峨的峽谷風光刻劃入木。句末：「飄蓬踰三年，回首肝肺熱。」又表達為了生活，不得不四下流離的無可奈何。

一行南入西河縣，杜甫看到了鹽井，及煮鹽、販鹽的情景，對於井鹽的生產、銷售及鹽工的生活歷歷在目，別有一番感觸，因此作有「鹽井」詩，描述所見、所聞、所思：

鹵中草木白，青者官鹽煙。
官作既有程，煮鹽煙在川。

全詩除了描述當地煮鹽及販鹽的場景，也談到了當時的鹽價，為勞苦的百姓生活誌繪，有讓我們彷彿目睹了當時的井鹽開採實況。

再度上路，天候也漸轉涼寒，杜甫一行漸漸感到衣裳單薄，沿路尋無村落，只好在野地溪旁暫且休息。杜甫作〈寒峽〉述說這一段的旅程：

行邁日悄悄，山谷勢多端。
雲門轉絕岸，積阻霾天寒。

繼續前行，終於發現山中崖寺，杜甫一行得以休息，並且也有閑適的心情來觀賞寺間卉物情趣，享受旅行之樂。詩〈法鏡寺〉則書寫著四周景物變換、尋幽訪勝的風光，及一份好心情：

柱策忘前期，出蘿已亭午。
冥冥子規叫，微徑不敢取。

此後，〈青陽峽〉、〈龍門鎮〉、〈石龕〉、〈積草嶺〉、〈泥功山〉等詩，以描寫沿途風光為旨，兼慨歎安史之亂，驚擾黎民，使百姓無法休養生息（〈龍門鎮〉、〈石龕〉、〈泥功山〉）。此時，杜甫知行已漸近同谷縣，遠途跋涉，雖旅途勞頓，但充滿著期待。所以寫下：「邑有佳主人，情如已會面。」（〈積草嶺〉），興奮之情，躍於紙面。

「鳳凰臺」在同谷縣東南十里鳳凰山，杜甫遠行終於抵達

同谷。詩〈鳳凰臺〉為此段紀行詩十二篇的結局，杜甫以地名而想到「鳳聲」，由鳳聲而想到「西伯」

，進而遙想太平之意。回首來時路，杜甫雖經顛沛流離，仍然胸懷國事，期盼國運中興，剖心瀝血，可謂至極：

> 再光中興業，一洗蒼生憂。
> 深衷正為此，羣盜何淹留？

結局雖有許多遙想，語及君臣之義，與前十一篇風格迥異，卻也不負「血性」之名。

三、貧居

經過一番辛苦跋涉，杜甫來到他心目中的樂土－同谷，未料到全然與他之前聽說的景況不同。時值深秋，天寒日暮，衣不蔽體，霜雪漫山，覓食無著。一家老小嗷嗷待哺，窮老作客異鄉的慘境，令杜甫悲從中來，忙於生計之餘，乃作著名的「同谷七歌」，描寫這一段居住同谷的況遇。面對家計憂愁、家人四散、時局離亂、身世茫茫、前程未卜的種種憂患。七歌聯章，除第一首用「哀」、「悲」字，其後各首不再用此二字，而悲哀之情益深。試看每一首結尾：

> 一歌兮歌已哀，悲風為我從天來。
> 二歌兮歌始放，閭里為我色惆悵。
> 三歌兮歌三發，汝歸何處收兄骨。
> 四歌兮歌四奏，林猿為我啼清晝。
> 五歌兮歌正長，魂招不來歸故鄉。

六歌兮歌思遲，溪壑為我迴春姿。
七歌兮悄終曲，仰視皇天白日速。

　　隨著一首、一首的歌聲響起，杜甫由自憐處境，而憂愁家計，而思念兄弟寡妹，而恐埋骨異鄉，而寄望太平，而汲汲顧影，將詩人內心的悲哀、徬徨與百感交集之情表露無疑，隨著一首接一首的歌聲吟響，彷如一聲接著一聲的嘆息，一次又一次的敲動讀者心扉。

四、入蜀

　　乾元二年十二月十一日，杜甫決定離開同谷縣，繼續西遷，前往四川成都另謀生計。這是杜甫今年第四次的行旅了，因此作「發同谷縣」，就離去的原委作一說明：

賢有不黔突，聖有不煖席。
況我饑愚人，焉能尚安宅。

　　在此地既然生活困難，也只好再度踏上旅途，另謀他就。雖然如此，不免與當地閭里、新舊交友道別，卻也離情依依：

臨岐別數子，握手淚再滴。
交情無深舊，窮老多慘感。

　　此後又作「木皮嶺」、「白沙渡」、「水會渡」、「飛仙閣」、「五盤」、「龍門閣」、「石櫃閣」、「桔柏渡」、「劍門」、「鹿頭山」、「成都府」等詩，連「發同谷縣」共計十二首紀行詩，將入蜀沿途所見的山嶺、江水、棧道、長

橋等風光與天險一一入詩，最後來到有「天府之國」美稱的四川。這裏遠離戰亂，民生安樂，但也遠離故鄉，杜甫安慰自己：「自古有羈旅，我何苦哀傷。」

杜甫帶著一家老少取道栗亭，登木皮嶺，由白水峽入蜀。詩〈木皮嶺〉：

> 南登木皮嶺，艱險不易論。
> 汗流被我體，祁寒為之暄。

寫出登度山嶺的艱險與辛苦，汗流夾背，連寒氣都一時之間被趕跑了。至此，杜甫不由嘆道：「始知五嶽外，別有他山尊。」

其後又來到了嘉陵江畔，於白沙渡登舟度江，再捨舟登陸。作詩〈白沙渡〉對這段行程有生動的描寫。以「畏途隨長江，渡口下絕岸」始，備言於渡口登舟的經過；隨舟過江，只見「水清石礧礧，沙白灘漫漫。」寫江中所見。抵岸登陸，「臨風獨回首，攬轡復三嘆」為終，如隨老杜親歷現場，別有情趣。

登岸行山之後，再逢江渡，這次面對的是洶湧的江流：「大江動我前，洶若溟渤寬」，水勢的驚險紀錄在詩〈水會渡〉中說：

> 霜濃木石滑，風急手足寒。
> 入舟已千憂，步崤仍萬盤。

風寒水急，連手足都冰冷了，可知杜甫面對激流翻攪時心中的恐懼，寫出：「遠遊令人瘦，衰疾慭加餐」的話。〈飛仙閣〉、〈五盤〉、〈龍門閣〉、〈石櫃閣〉等四首寫棧道之

景。棧道凌空修築於山腰之上，形勢危峻，常令行者驚懼。杜甫攜家眷過此，但見：

> 土門山行窄，微徑緣秋毫。
> 棧雲闌干峻，梯石結構牢。（〈飛仙閣〉）

加上長風怒號，人馬同勞，不由得心生恐懼，感嘆此行累及妻子，不由得一陣氣餒，產生了聽天由命的想法：「浮生有定分，饑飽豈可逃。」（〈飛仙閣〉）甚至想就此打道回府：「成都萬事好，豈若歸吾廬。」（〈五盤〉）儘管一路走來蹣跚，但艱險的旅途尚未完成。飛仙之險在山道難行，而龍門之險在下臨急水，有詩〈龍門閣〉以紀之：

> 目眩隕雜花，頭風吹過雨。
> 百年不敢料，一墜那得取。

頭昏眼花的詩人不由嘆道：「終身歷艱險，恐懼從此數。」

繼續行程，來到架竹為橋的桔柏渡，眼前風光又是另一番景況，詩〈桔柏渡〉：

> 青冥寒江渡，架竹為長橋。
> 竿濕煙漠漠，江永風蕭蕭。

沒有之前的驚險，在寒風中飄飄然渡橋西行，純然一幅行旅圖畫。

入得蜀境，經天下奇險的劍門山，杜甫描述這幅壯觀的美景，詩〈劍門〉：

> 兩崖崇墉倚，刻畫城郭狀。
> 一夫怒當關，百萬未可傍。

眼看雄奇的天險，據此可以「一夫當關，萬夫莫敵」，杜甫對於巴蜀與中原的地理形勢有了更深刻的體認。

行行重行行，來到鹿頭山。正如蒲起龍所言：「入蜀者，過鹿頭便無山路，皆成沃野矣。」杜甫至此，歷經艱險，眼見原野開闊，再無險阻，且成都已在望，欣喜之餘，於詩〈鹿頭山〉中寫下：

> 鹿頭何亭亭，是日慰饑渴。
> 連山西南斷，俯見千里豁。
> 遊子出京華，劍門不可越。
> 及茲險阻盡，始喜原野闊。

劍門不可越，而杜甫終究還是穿越了重重險阻，來到來到傳說中的「天府之國」、沃野千里的成都平原。

春自東都回華，秋自華州客秦，冬自秦赴同谷，又自同谷赴劍南；。一年而四度遷徙，而今來到成都。看到的是在戰亂中，因天險阻隔而得以元氣尚存的大城，詩〈成都府〉：

> 曾城填華屋，冬季樹木蒼。
> 喧然名都會，吹簫間笙黃。

這裏的人民仍然未受戰亂影響，城裏華屋美宅比比皆是，雖然時序入冬了，樹木依然蒼綠，真是四季如春的好所在。而百姓安居，市井喧鬧，笙歌不墜，一幅太平的大城風光。雖然此地距中原已遠，離鄉遠遊，杜甫仍然覺得欣慰：來到可以安

居的地方。說出：「自古有羈旅，我何苦哀傷。」為這一段離亂的歲月畫下休止符，亦為二十四首紀行詩的總結。

五、小結

杜甫生不逢年，雖有高才卻未獲賞識，眼見大唐由盛而衰，其人生際遇，亦隨之流轉催折。後人觀之，大唐帝國固然損失了一位能臣，但文壇卻因此喜獲一位詩聖、詩史，留下許多的名篇佳作，為中國文學增添光芒。

由杜甫的詩，可以觀察中唐時期的國勢氣運及民間生活，這正是史家所欠缺的，是故浦老曰：「史家只載得一時事蹟，詩家直顯出一時氣運。詩之妙，正在史筆不到之處。……杜詩合把做古書讀。」而由這一系列的紀行詩，我們除了以上的觀察之外，更跟隨著杜甫作了一趟西入巴蜀的旅行，共同分享杜甫在這一趟行旅中的期待、困頓、欣喜、悲哀，以及共同觀賞沿途的風光。無論是崇山峻嶺，峽谷天險，又或是鹽井風貌，人民生息；還是怒江臨濤，登舟飛渡，竿橋相連。將西南地區風土、人情，寫得絲絲入扣，也讓我們對於這趟旅行所經之地，有更深刻的印象。

所謂的「旅行文學」，最重要的就是作者自身的旅行體驗。經過這一番體驗，所凝鍊出來的身體與心靈的衝擊，就是旅行文學的價值。杜甫這一系列的作品，正如所謂。

《封神演義》的雷震子
是雷公嗎？

吳宇娟

嶺東科技大學通識教育中心專任副教授，東海大學中國文學研究所博士。著有《古話新說－古典短篇小說選讀》、《當代文學選讀》等專書，並有〈走出傳統的典範—晚清女作家小說女性蛻變的歷程〉等十餘篇學術論文。

　　《封神演義》中雷震子之所以和「雷」扯上關係，最初是因為其出生與命名的緣故。小說的第十回〈姬伯燕山收雷震〉主要情節是敘述文王收養雷震子為百子的經過。此回的開場詩也特別點明雷震子與「雷」的淵源，那就是：「燕山此際瑞煙籠，雷起東南助曉風；霹靂聲中驚蝶夢，電光影裏發塵蒙。三分有二開岐業，百子名全應部酆；上世卜年龍虎將，興周滅紂建奇功。」因為雷震子出世時是「霹靂交加，震動山河天地」的天氣，西伯侯（文王姬昌）與雲中子（雷震子的師父）都認為如此降生的天候氛圍即是「雲過生將，將星現出」、「方纔兩過雷鳴，將星出現」的徵兆，雷震子因此以將星的天命／姿態誕生，其師又以「電過現身，後會時以雷震為名便了」命名，讓雷震子首次和「雷」有了深刻的連結。

　　其次在小說第二十一回〈文王誇官逃五關〉，敘述與姬昌相遇後的七年，雲中子在玉柱洞中神算知悉西伯侯在臨潼關有難，立即命令雷震子去虎兒崖下尋找兵器，以便祕授兵法，儘速讓他下山救父。雷震子遍尋虎兒崖卻不見任何物品可以充作兵器，無意間卻乍見二枚紅杏，雷震子摘取之後，趨近一聞，竟是清香撲鼻，如甘露沁心，於是耐不住誘惑就把二枚紅杏吞下，霎那間產生劇烈的形變「不覺左脅下一聲響，長出翅來，拖在地下」、「兩邊長出翅來不打緊，連臉都變了，鼻子高了，面如藍靛，髮若硃砂，眼睛暴突，牙齒橫生，出於脣外，身軀長有二丈」，對於這突如其來的轉變，雷震子只能驚慌求助其師，雲中子隨即將雷震子二翅，「左邊用一風字，右邊用一雷字，又將咒語誦了一遍；雷震子飛騰起於半天，腳登天，頭望下，二翅招展，空中有風雷之聲」，因此雷震子再度與「雷」產生交集，身上也有了「雷」的印記。再加上雲中子先前賜與雷震子一根金棍並傳授仙法，於是助周伐紂的一員龍虎將就此誕生。此時的他面如藍靛，髮如硃砂，巨口獠牙，眼如銅鈴，光華閃灼的金剛力士，已經不是剛出生時「面如桃蕊，眼有光華」的俊秀樣貌。正如其師雲中子對於變形後的雷震子勾勒的輪廓所說：「兩枚仙杏安天下，一條金棍定乾坤；風雷兩翅開元輩，變化千端起後昆。眼似金鈴通九地，髮如紫草短三鬈；祕傳玄妙真仙訣，煉就金剛體不昏。」這名助周猛將的生平與功勳──即是符合《封神演義》第二十二回〈西伯侯文王吐子〉所稱「天降雷鳴現虎軀，燕山出世托遺孤。姬侯應產螟蛉子，仙宅當藏不世珠。授七年玄妙訣，長生兩翅有風雷。桃園傳得黃金棍，雞嶺先將聖主扶。目似金光飛閃電，面如藍靛髮如硃。肉身成聖仙家體，功業齊天帝子圖。慢道姬侯生百子，名稱雷震豈凡夫。」在小說中有關雷震子的描述不論是出自何人或何處？幾乎都和風雨雷電產生串聯，因此一般民眾與

讀者就容易把雷震子與雷神合併為一。

台灣民間傳說認為雷震子就是雷公，他的形象特徵是手持槌或斧，臉紅如猴並有一副鳥嘴（尖嘴）和一雙翅膀，這就是一般所稱的「雷公臉」、「雷公嘴」。至於雷神的樣貌，歷來典籍都存有不同的說法，例如《山海經・海內東經》的「雷澤中有雷神，龍身而人頭，鼓其腹。在吳西。」又如干寶《搜神記》記載的雷神是「色如丹，目如鏡，毛角長三尺餘，狀如六畜，頭如獼猴」；清・黃伯祿《集說詮真》中則描述雷公的樣貌是「狀若力士，裸胸袒腹，背插兩翅，額具三目，臉赤如猴，下頦長而銳，足如鷹顫，而爪更厲，左手執楔，右手執槌，作欲擊狀。自頂至傍，環懸連鼓五個，左右盤躡一鼓，稱曰雷公江天君。」以上所錄雖然各自有不同的形容，但基本型構都是「半獸人」的樣貌。《封神演義》是明朝的作品，因此明代對於雷神的外觀塑形應當較接近《集說詮真》的記載。但是綜觀《封神演義》中的雷震子雖有雙翼，但面如藍靛而非赤色也無三眼，手持的武器更非楔、槌或斧而是黃金棍，而且並未封神，是與李靖、金吒、木吒、哪吒、楊戩、韋護等一起肉身成聖（《封神演義》第一百回），所以由此可知《封神演義》中的雷震子並非是雷神。

再者，在小說裡雷神是另有其神—那就是「面如淡金、五柳長髯」並且頭生三眼的商朝太師聞仲。死後被姜子牙冊封為「九天應元雷聲普化天尊」，並且由祂率領的雷部二十四員催雲助雨護法天君—鄧忠、辛環、張節、陶榮、龐洪、劉甫、茍章、畢環、秦完、趙江、董全、袁角、李德、孫良、柏禮、王變、姚賓、張紹、黃庚、金素、吉立、余慶、閃電神（即金光聖母）、助風神（即菡芝仙），可見封神榜的雷部名單中並沒有出現雷震子的名字。（《封神演義》第九十九回）明姚宗儀《常熟私志》記載，道觀有雷神殿，前以「律令大神鄧元

帥」為首。在此所稱的鄧元帥即是《封神演義》中所稱的鄧忠，也就是《西遊記》中指稱的鄧化。關於《集說詮真》所說擁有「右手執槌」法器的形象，則比較接近《封神演義》中另一個長雙翅的雷部天君辛環，因為祂的特徵是「二翅空中響，頭戴虎頭冠，面如紅棗色，頂上寶光寒，鎚鑽安天下，獠牙嘴上安，一怒無遮擋，飛來勢若鸞。」（《封神演義》第四十一回）至於台灣祭拜雷神的廟宇所供奉的朔像「雷聲普化天尊」大都是雷公外型，而不是聞太師，但是卻有三目；也有廟宇直接標榜供奉著「雷聲普化天尊」，後頭附註卻是雷震子。

　　小說人物與宗教神祇的混同與合流，在民間信仰中經常可見。雷震子在《封神演義》中是姜子牙帳下一名驍勇善戰並且擁有異能的大將，在小說中並沒有受封為雷部正神，只因為其人其名其行其狀和「雷」結下不解之緣，才會產生《封神演義》中的雷震子就是雷神的疑誤。

參考文獻

《山海經校注》袁珂注‧台北：里仁書局‧1981‧初版
《搜神記》晉‧干寶著‧台北：里仁書局‧1980‧初版
《西遊記》明‧吳承恩著‧台北：桂冠圖書1983‧初版
《封神演義》明‧許仲琳著‧台北：桂冠圖書1984‧初版
《常熟私志》明‧姚宗儀撰‧舊鈔本‧台北：中央圖書館善本微縮本
《集說詮真》清‧黃伯祿輯‧《中國民間信仰資料彙編‧第一輯》‧
　　台北：臺灣學生書局‧1989‧初版

三乘佛法概要、
三乘佛教的善知識與惡知識、
顯教與密教之異同

錢昭萍

嶺東通識教育中心講師，輔仁大學中文系畢業，哲學研究所碩士。一九七九～一九八六年間，於輔仁大學夜間部中文系兼任教職，並於嶺東商業專科學校專任國文教師；研究領域為《尚書》、《老子》與《莊子》。一九八六年因長期南北奔波而罹患氣喘病，故辭去北部教職，潛心學佛養病。此後鑽研藏傳佛教噶舉派實修法門，並長期舉辦佛學講座，期自利利人。近八年來，更將研究觸角，延伸至古典詩詞、甚至現代詩的領域。著作有《詩詞選萃》，譯作有噶舉派實修儀軌二十餘種；並參與嶺東科大國文教師編輯小組，共同編撰《本國語文》與《現代文學》等教科書。

一、三乘佛法概要

小乘佛教以「四聖諦」、「十二因緣」之禪修了脫生死，速趨涅槃，永不受後有為志。

大乘佛教以六度、萬行，生生世世乘願再來普渡眾生為務。

金剛乘佛教以依止具格根本上師，修生起、圓滿二次第的本尊法，及大手印、大圓滿等以心印萬法的特殊禪觀，期得即身成就「法、報、化、體性」四身為最高目標。

三乘佛教的經、律、論基本上是一致的，都是以《大藏經》（三藏十二部）（藏傳甘珠爾與丹珠爾）為法寶。

而顯、密佛教最大的不同，在於顯教以聽經、讀經、廣修善行為務；密教依止具德根本上師修密續，故必須遵守上師、本尊、護法的三昧耶戒，謹言慎行為要。

依止根本上師而不守三昧耶戒，只修十善業、六波羅蜜，基本上還停留在顯教的基礎階段而已。

三昧耶戒基本上以格魯派整理的十四根本墮為粗要，極細處則以上師、本尊、護法之身語意為自己的身口意，上師對弟子的每一念，不管弟子喜不喜歡，都得修到信受奉行而不違逆。所以師生必須互相觀察三至十二年，品德、個性、教法都能相互信賴，甚至能以心印心，方可傳授由顯入密的次第教法。

上師隨便說法、傳法，而不觀察弟子根器，犯戒；弟子不觀察上師就胡亂求法，犯戒；不依次第修行，犯戒。

所以第三世蔣貢仁波切親自宣說：只依止一位根本上師修學，才容易修學，也才容易成就。仁波切語重心長地說：「因為三昧耶戒難守啊！」

二、三乘佛教的善知識與惡知識

小乘佛教的善知識，是幫助大眾接近小乘佛法，生起出離心（厭棄世間貪愛、物慾、我執、恬憺、爭鬥、毀謗善法等輪迴過患）之人。

小乘佛教的惡知識，是幫助大眾遠離小乘佛法，減少出離

心（增長世間貪愛、物慾、我執、恪慳、爭鬥、毀謗善法等輪迴過患）之人。

大乘佛教的善知識，是幫助大眾接近大乘佛法，生起慈悲心（增長利他、六度、十善、一切善行、捨己救人、助人離苦得樂等善法）之人。

大乘佛教的惡知識，是幫助大眾遠離大乘佛法，生起自私心（厭棄利他、六度、十善、一切善行、而自私自利、見死不救等棄善揚惡）之人。

大乘佛教的善知識，是幫助大眾接近大乘佛法，生起菩提心（增長犧牲小我、發願救度一切眾生、直至眾生皆離苦得樂而終成佛道）之人。

大乘佛教的惡知識，是幫助大眾遠離大乘佛法，退失菩提心（退失犧牲小我、不願救度一切眾生、不令眾生皆離苦得樂而終成佛道）之人。

金剛乘佛教的善知識，是幫助大眾接近正確金剛乘佛法，生起守護三昧耶之心（增長恭敬上師、友愛師兄弟、與人為善、生起出離心、慈悲心、與菩提心等）之人。

金剛乘佛教的惡知識，是幫助大眾遠離正確金剛乘佛法，退失守護三昧耶之心（退失恭敬上師、友愛師兄弟、不與人為善、退失出離心、慈悲心、與菩提心等）之人。

如果在生活周遭遇到善知識，當恭敬承事，和樂互勉，不疑不謗，共生善法。

如果在生活周遭遇到惡知識，當警戒警惕，懷疑遠離，默擯不從，不共生惡法。

因執守三昧耶戒（幫助上師達成交付之任務與戒律）而遭受魔障、放咒而暫失理智者，當關懷悲憫，懇求根本上師加持除障，並善願迴向。

因退失三昧耶戒（捨棄上師交付之任務與戒律）而遭受魔

障、放咒而失去理智者，當暫時捨離，但懇求根本上師加持除障，並善願迴向。

三、顯教與密教之異同

（一）皈依

岡波巴大師解脫莊嚴寶論云：「宇宙間的一切萬法不外乎輪迴和涅槃兩大範疇。言輪迴者，其性是空，其相是迷，其內含則是（澈頭澈尾的）苦痛。言涅槃者，其性（亦）是空，其相則是一切迷亂之消失，其內含則是於一切苦痛得到了解脫。」學佛之目的，即在於學習佛陀開示的修行之道，以解脫輪迴的迷妄與痛苦。而踏上修行之道的第一步，就是皈依。

　1.顯密二教皈依之異同：

　　顯：三皈依（皈依佛、法、僧三寶）

　　密：四皈依（皈依上師與三寶）

　　六皈依（皈依三寶、三根本）

　　三根本：上師--加持之根本。

　　本尊--成就之根本。

　　護法--事業之根本。

（二）修持法門

　顯：戒、定、慧三學，聞、思、修三慧。

　三慧--聞：聽經論--聽聞各種經典，或閱讀各種經論。

　思：思維佛法之義理。

　例如：原始佛教的四聖諦、八正道、十二因緣等。又如大乘佛教的唯識、中觀等義理。

修：受持各種經典所教示之義理，例如修習各種止觀法門，或六波羅密等廣大菩薩行。

三學--戒：小乘的五戒、十善、別解脫戒。

大乘的菩薩戒。

定：修習止與觀。

止--止息妄念。如數息、念佛。

觀--例如白骨觀、空觀等。

慧：慧分別智、慧觀察智、轉識成智等。

密：聽經論或顯密之開示，尤以上師直指心性之教言、口訣為善巧方便法門，幫助行者更容易生起小乘之出離心和大乘之菩提心，而體悟空性，轉識成智，轉五毒成五智。

1.戒：小乘--五戒、十善、別解脫戒。

大乘--菩薩戒、菩提心戒。

密乘--十四根本墮，上師、本尊、護法三昧耶誓言。

2.定：

（1）修習各種止與觀。

（2）修四加行（去障積資）。

（3）修上師相應法、本尊法、護法等儀軌。

本尊法的生起次第與圓滿次第，是修轉識成智的方便法門。

不同的本尊有不同的願力，修習本尊法，可與不同的本尊相應，獲得不同的本尊成就。

修護法--可得到護法的保護，去除修行與事業之違緣障礙。

（4）修脈氣明點：得心氣自在成就，具大神通，得報身佛果；但易引來魔障，造大惡業，種地獄因。須持戒慎密，以上師相應為基礎，並具大根利器，始可修習。

（5）修大手印、大圓滿等禪觀，證法身遍在之佛果。

3.慧：轉五毒成五智（妙觀察智、平等性智、成所作智、大圓鏡智、法界體性智），成就法、報、化、體性合一之四身果位。證如所有智（甚深智）與盡所有智（廣大智）二種佛智，入無學地，證無生忍，而成就佛果，永斷輪迴。

4.聞：聽聞上師開示法的精義和各種禪修方法與口訣，或閱讀各種經論、密續。

5.思：思維上師開示之修行法要，和經論密續之義理。

6.修：實踐上師的特殊指示，及各種禪定之實修、閉關等。

實踐六度萬行等廣大菩薩行。

結論：戒定慧與聞思修息息相關，輾轉增上，不可偏廢。

佛經故事與人生
——由一位持戒的梵志故事談起

陳美

嶺東科技大學通識教育中心講師，東吳大學中文所碩士。現任社團法人台中市國語學會執行長，兼任台中市文化局兒童作文班老師。

一、故事原文與翻譯

《大藏經·六度集經卷第五·六年守飢畢罪經本緣部上》頁30：「昔者菩薩為大國王，歸命三尊，具奉十善，德被遐邇，靡不承風，兵刃不施，牢獄無有，風雨時節，國豐民富，四表康休，路無怨嗟，華偽小書，舉國絕口，六度真化，靡人不誦。

譯：從前菩薩為大國王時，歸依信順佛、法、僧三寶，奉行十善業道，因此，德政普遍施行於遠近四方，無一處地方不承受他的教化，對外不啟戰端，不用兵戈；對內沒有牢獄訴訟，四時風調雨順，國豐民富，四海安康喜樂，道路上不見有人貧苦怨歎，浮華不實的小道之書，全國一律杜口不說；六度波羅蜜的真實教法，則無人不讀。

時有梵志，執操清淨，柔居山林，不豫流俗，唯德是務。夜渴行飲，誤得國人所種蓮華池水，飲畢意悟曰：「彼買此池，以華奉佛廟，水果自供。吾飲其水，不告其主，斯即盜矣。夫盜之為禍，先入太山，次為畜生，屠賣于市以償宿債，獲為人當為奴婢。吾不如早畢於今，無遺後患矣。」

譯：當時印度有一個修行人，持戒很嚴格，他獨自住在山林中，很少跟世俗人事相交接，專心地持守著道德。有一天夜裡，他感到很口渴，到處尋找飲水，終於找到一處蓮花水池，他捧起水來就喝，喝完了之後，突然腦海裡閃過一個念頭：「池塘主人花錢買下這座池塘，栽種蓮花，用來供奉寺廟中的佛菩薩；種植水果，也用來供養寺廟中的佛菩薩。如今我喝了這座池塘的水，卻沒有預先請示主人，這就算是偷盜的行為了。唉！犯了偷盜罪，將來死後必定下地獄，地獄報盡，再轉世為畜生，被人帶到市場上屠殺販賣來償還債務，將來就算能轉世成人，也會是別人的奴婢。唉！我不如早一點解決這件事，以免將來承受這些痛苦的果報！」

詣闕自告云：「其犯盜，唯願大王，以法相罪，畢之於今，乞後無尤。」王告曰：「斯自然之水，不寶之物，何罪之有乎？」對曰：「夫買其宅，即有其井；占其田，則惜其草，汲井刈蒭，非告不取，吾不告而飲，豈非盜耶？願王處之。」

譯：於是他來到國王的宮殿自己認罪：「我犯了偷盜罪，懇求大王按法律處罰我，讓我現在就將刑罰受盡，希望日後能無罪過。」國王問清楚事情的始末，然後告訴他說：「池塘的水是天然生成的的，況且也不是什麼珍貴的東西，你

怎麼會有罪呢？」他回答說：「世人一旦買下了一棟房子，他就擁有了宅中的水井；買下了一塊田地，他就會珍惜田中的草木。我們要去汲取井水、割刈田草，都應該預先告知主人，否則一私一毫都不能取拿。如今我不告而飲，難道不是偷盜的行為嗎？盼望大王處罰我。」

王曰：「國事多故，且坐苑中。」太子令之深處苑內。王事總猥，忘之六日，忽然悟曰：「梵志故在乎？疾呼之來。」梵志守戒，飢渴六日，之王前立，厥體瘦疲，起而蹌地，王流淚曰：「吾過重矣。」王后笑之。王遣人澡浴梵志，具設餚饌，自身供養，叩頭悔過曰：「吾為人君，民飢者吾自飢，寒者即衣單，豈況懷道施德之士乎！一國善士之福，不如高行賢者一人之德，國寧民安，四時順、穀豐穰，非戒之德，其誰致之乎？謂道士曰：「飲水不告，罪乃若此，豈況真盜，不有重咎乎？以斯赦子，必無後患也。梵志曰：「大善，受王洪潤矣！」

譯：國王聽了說：「目前國務繁忙，請您先到後宮中坐著等待。」太子命人將他帶到後宮深處等待。後來，國王因為國務繁雜，竟然將這件事忘記了，直到第六天才忽然想到說：「那位梵志還在嗎？趕緊請他來！」這位梵志嚴守戒律，六天內都不吃不喝，當他來到國王面前站立，他的身體變得又瘦又病，走起路來搖搖晃晃的，國王見了，不禁流著眼淚：「我的罪過很重大啊！」王后聽了，在旁譏笑他。國王立刻命人幫這位梵志洗澡沐浴，然後準備豐盛的飯食，由國王親自端著供養他，並且叩頭悔過說：「我是國君，人民如果有飢餓者，就是我讓他飢餓的；有寒冷受凍者，就是我讓他穿得不夠的，更何況這是一位內心有道、行為有德的人呢！全國的善心人士所修的福報，不如

一位賢良者的崇高道德，他可以讓國寧民安，四時風調雨順，穀物豐收，這不是守戒之德，誰能讓國家如此呢？」國王告訴道士說：「只是不告而飲，罪過竟然如此之大，更何況是真正偷盜的行為，不就罪過更重大了嗎？在此我特別赦免您，您一定可以免於後患了啊！」梵志聽了說：「太好了，承蒙國王的大恩澤，真是感恩啊！」

二、故事省思

1.莫輕小罪

這位梵志只不過喝了池塘的水，就如此大費周章地前去負荊請罪，這是因為他知道即便是細微之罪也有果報（犯了偷盜罪，先入地獄受苦，再受畜生被販賣屠宰之苦果，將來若得為人，也會是別人的奴婢，以此來償還罪業。）因此，物無大小，只要不是自己所有的，都必須一毫不取。

誠如《梵網經》中說：

> 「不要忽視小罪，認為不會有災害；須知水滴雖然渺小，漸漸地也會聚滿大的容器。剎那間所造之罪，可能會害你墮落無間地獄之中；一失去人身，可能萬劫之久都難以恢復！」

由此可知：持戒是由生活中每一項細節做起，萬不可因為事物之平凡、時間之短暫而忽略了分寸，以致犯了不易察覺的小罪，須知小罪累積日久，就會形成觸犯法律科條的大罪；而剎那間所犯的罪過，更可能需要以很長久的受苦來償還。因此，「天地之間，物各有主，苟非吾之所有，雖一毫而莫

取。」（蘇東坡〈前赤壁賦〉），明辨事物的身分，審慎取拿的分際，以避免因小失大的過錯。

2.小心持戒

日常生活中，當我們的六根（眼、耳、鼻、舌、身、意）對六塵（色、聲、香、味、觸、法）等六種境界時，透過六識（眼識、耳識、鼻識、舌識、身識、意識）的見、聞、嗅、味、觸、知等六種功能，而產生了六觸（眼觸、耳觸、鼻觸、舌觸、身觸、意觸）生愛的精神作用，對於所喜愛的事物因為貪愛不捨，而起了取拿擁有之心，從此就開啟了「老死憂悲苦惱」等法以這位梵志而言，他因為一時的口渴（舌識），急於解渴之下，見到清澈的池水（色塵），不假思索地捧起來喝，但是他一喝完，立即意識到不對，因此，也就不再貪愛不捨，這是他有很敏感的覺察力和克制力，不會舌貪甘甜而繼續喝下去。眾生不知戒律者，或是知道戒律而意志力薄弱者，往往就在這根塵觸受之間，起了貪愛不捨之念，愛而不得，就再生起瞋、癡等等無明意念，甚至造作種種無明的行為。因此，戒律的持守，必須在日常生活中每一刻進行，時時護心，並且要有嚴格的決斷力來執行。

3.懺悔滌罪

這位梵志所犯只是無心之過，但是，饒是無心之過仍有果報，因此他才大費周章地請求國王處罰，而在宮中等待的六天裡，他不吃不喝，差一點因瘦弱而死也在所不惜，誠心悔過的精神，深深感動了國王，為自己的怠慢態度而跟他道歉，甚至親自奉上供養，可見，一個人只要誠心懺悔，那麼，不管多大的過錯，也都能化解。

　　所謂「罪從心起由心懺，心若滅時罪亦亡，心亡罪滅兩俱空，是則名為真懺悔！」這是指：所有的罪過，都起於無明之心，因此，也要從心上去懺悔，而真正的懺悔，是從此心中了無貪、瞋、癡等意念，斷絕了一切罪過的根源，這就是很有境界的修行了。

4.持戒護國

　　國王稱讚並且敬重這位持戒嚴格的修行人，他認為「一國善士之福，不如高行賢者一人之德，國寧民安，四時順、穀豐穰，非戒之德，其誰致之乎？」由此可知，修再多的福報，都不如戒德之殊勝，國家能安寧、四時能順調，都由戒德所致。反觀現今，地球暖化現象日趨嚴重，四時不調，刀兵不停，這是眾生共業所感，眾生在根塵觸受之間，過於貪愛，享用過度，甚至不惜劫奪眾生之命。解鈴還須繫鈴人，挽救地球之道，莫如大家亟於持戒，克制自己的欲望，多為別人著想，尤其不要再濫殺眾生，以滿足一己的口腹之欲了。

註解

1.三尊：又作三寶，係指佛教徒所尊敬供養之佛寶、法寶、僧寶等三寶。

2.十善：即十善業（十善業道、十白業道），乃身口意三業中所行之十種善行為。殺生（2）偷盜（3）邪淫（4）妄語（5）兩舌：即說離間話（6）惡口（7）綺語（8）貪愛（9）瞋恨（10）愚癡

3.六度：六波羅蜜多、六度無極、六到彼岸，乃大乘佛教中菩薩欲成佛道所實踐之六種德目（1）布施波羅蜜：有

財、法、無畏施，能對治慳貪（2）持戒波羅蜜：能對治惡業（3）忍辱波羅蜜：能對治瞋恚（4）精進波羅蜜：能對治懈怠（5）禪定波羅蜜：能對治亂意（6）智慧波羅蜜：能對治愚癡。

4.太山：應指地獄，地獄位於鐵圍山之外。

5.梵志：指志求梵天法之人，也泛指一切外道之出家者。梵天為梵書時代以來之神格，爾後婆羅門即以大梵天（梵天）為最尊崇之主神。

編按：本文部分轉載自作者《弟子規註解附故事圖說》一書。

異體中之神話傳說
與宗教現象

呂瑞生

嶺東科技大學通識教育中心副教授，中國文化大學中研所博士。著有《歷代字書重要部首觀念研究》、《字彙異體字研究》、〈論異體字與通假字的辨析〉、〈部首的文化意義初探〉、〈集韻俗字考異及其意義〉、〈論由簡入繁認識標準字體〉等論文。

　　「異體字」顧名思義指「不同形體的字」，是與「正字」相對的概念，指的是「同一音義所產生的眾多文字形體中，不同於正字形體的字形。」

　　漢字中的異體字是一個複雜的文字演化現象，他的形成與孳乳，牽涉到各種不同的層面，因此透過不同的異體字，往往可觀察出古人對事物的不同觀察角度。如今日標準字體「龜」字，是由《說文解字》中的小篆「龜」演變而來，這一字形是由側視的角度來看「龜」這一動物，字上烏龜的頭、嘴、腳、尾清晰可辨，而背上還背著一個有花紋的龜殼。另外《說文解字》中還收了「龜」的另一個異體字「龜」，這是一個自俯視角度觀察烏龜而造出的字，字形中除了頭、尾之外，視覺的重點則在佈滿花

紋的龜殼。而除了這兩個《說文解字》所收的異體字之外，後代還創造出許多龜的異體字，《重定直音篇》就收有「鱻」字，此字的特點就在把「龜」字原有的龜殼，換成「魚」字，而「魚」是「魚」的異體字，這是因為龜通常生活於水中，所以古人就用「魚」旁取代了龜殼，而造出「鱻」字。

　　上述這種有趣的異體字現象，在古文獻中處處可見，比如「面皰」的「皰」字，是指長在臉部「皮膚」上的小瘡，因此以「皮」為偏旁。然而《集韻‧笑韻》還另外收有「靤」、「齙」、「疱」等三個異體字，其中「靤」字，是從「面皰」長在臉部這個角度來看，因此偏旁改為「面」；而「齙」字，是從「面皰」常長在鼻子這個角度來看，因此偏旁改為「鼻」；至於「疱」字，則從「面皰」是一種病症的角度來觀察這件事物，因此偏旁被改為「疒」。所以同樣是指「面皰」這個東西，卻產生了四個不同偏旁的異體字來。

　　因此透過異體字的研究與觀察，對於了解傳統文化，具有相當的意義，以下即舉幾個與神話傳說及宗教現象有關的異體字來做說明。

一、𣋠𤂥

　　在明代郭一經《字學三正》一書中，收有「𣋠𤂥」二字，分別為「天地」的異體字，而其來源則與古人對天地形成方式的傳說有關。在《列子‧卷一‧天瑞篇》中曾說：

　　　　天地安從生？……清輕者上為天，濁重者下為地。

　　漢代許慎在《說文解字‧土部》中，也曾引用此種說法來解釋「地」字的意義，他說：

地，元气初分，輕清陽為天，重濁陰為地。

可見這種「氣」「清輕者為天，濁重者為地」的說法，在古代相當流行，所以古人也據此創造出了有趣的創世神話，《藝文類聚》卷一引徐整《三五曆記》即記載了此故事，故事中說：

> 天地渾沌如雞子，盤古生其中。萬八千歲，天地開辟，陽清為天，陰濁為地，盤古在其中，一日九變。神於天，聖於地。天日高一丈，地日厚一丈，盤古日長一丈。……如此八千歲，天數極高，地數極深，盤古極長。……故天去地九萬里。……首生盤古。垂死化身。氣成風雲。聲為雷霆。左眼為日。右眼為月。四肢五體為四極五嶽。血液為江河。筋脈為地裏。肌肉為田土。發為星辰。皮膚為草木。齒骨為金石。精髓為珠玉。汗流為雨澤。身之諸蟲。因風所感。化為黎甿。

所以後人就發揮創意精神，根據輕清的陽氣形成天，重濁的陰氣形成地的說法，會合「清」、「氣」二字成為「靝」字，用來代替「天」字；又會合「濁」、「氣」二字成為「𪐴」字，用來代替「地」字。

二、圓圂

清吳任臣《字彙補‧口部》說：「圓：籀文日字，陽之精也。」又說：「圂：《道經》月字。」「圓」、「圂」二字所以成為「日」、「月」的異體，來源也與古代的神話傳說有關。

后羿射日、月中有兔的神話對一般人來說都是相當熟悉

的，但對於故事的來源，可能知道的就沒那麼清楚。關於太陽神話，戰國時代的屈原在《楚辭·天問》中曾感嘆道：「羿焉彈日？烏焉解羽？」漢代王逸在注釋此句時說：

> 《淮南》言堯時十日並出，草木焦枯。堯命羿仰射十日，中其九日，日中烏皆死，墮其羽翼，故其留一日也。

這就是後人所知后羿射日傳說的來源，根據這一傳說，說明了古人早已有「日中有烏」的觀念。而在漢代人的著作中，王充曾在《論衡·說日》中提到這隻烏鴉的特徵，他說：

> 儒者曰：日中有三足烏。

原來這隻日中的烏鴉是一隻「三足烏」。由此也可見「日中有烏」的神話，在漢代，甚至更早以前，即廣為流傳，因此現代出土的長沙馬王堆漢墓中的帛衣，在右上角就繡有「日中有烏」的圖樣。又在同一件帛衣中，左上角則另外繡有「月中有兔、蟾蜍」的圖形，關於這個「月中有兔、蟾蜍」的傳說，《藝文類聚》卷一引漢劉向《五經通義》曾以陰陽學的角度解釋說：

> 月中有兔與蟾蜍何？月，陰也，蟾蜍，陽也，而與兔並明，陰係陽也。。

不過月亮神話比較為人所知的，還是以「月中有兔」的傳說較為流行，因此後代常有將此神話傳說寫入詩文的，最知名的當如唐人李白〈把酒問月〉中的詩句：

白兔搗藥秋復春，嫦娥孤棲與誰鄰？今人不見古時月，
今月曾經照古人。

因為在傳統文化上有這兩個「日中有烏」、「月中有兔」
的神話傳說，所以後人就在像太陽與滿月之形的「〇」中，分
別加進「烏」與「兔」，而創造出「圖」字與「圍」字來，作為
「日」、「月」的異體。

三、鼥、悳、躬、桓

這是一張在台中東海大學附近的廟宇所拍攝的照片，照片
中的對聯看起來都是漢字，但有幾個字是大家認得的呢？以下
即來看看其中的幾個字。

「鼥」字見於金人韓道昭《四聲篇海》一書，書中引《俗

字背篇》說：「𪔀：音丹，太上作。」「太上作」即「太上老君所作」之意。清人吳任臣《字彙補》則說：「𪔀：都寒切，音丹，太上作，見《亳州老君碑》。」而現代人所編的《漢語大字典》則進一步將此字列為「丹」的異體字。為何「𪔀」會成為「丹」的異體字？這是因為道家有「九轉成丹」的說法，如匯集道家典籍的《正統道藏》中，即收有《九轉靈砂大丹資聖玄經》、《大洞煉真寶經九還金丹妙訣》、《九轉靈砂大丹》、《九轉青金靈砂丹》、《陰陽九轉成紫金點化丹訣》等諸多與「九轉成丹」有關的道家典籍。再加上後代詩文中也常出現這種道教煉丹的觀念，如明人吳承恩《西遊記‧第五回》即寫道：

> 老道宮中，煉了些「九轉金丹」，伺候陛下做「丹元大會」。不期被賊偷去，特啟陛下知之。

因此「九轉成丹」的說法，早已深入一般人的觀念中，所以有了「𪔀」即「丹」字的說法。然而據《四聲篇海‧十部》「𪔀」字下引張道忠的說法：

> 从九从真，雖與丹同聲，義理全異，自來丹經子書，皆說七返九還丹藥也，從九者乃九九之數也，九九不失不敬，乃不生不滅也，如九九有失，得八十一數，針頭馬耳，自然生出，既然有生還有死也，是煉不成真也。仙經云：「謂君說徹大還丹，五色形圓似彈丸，二味合成十六兩，周天火候四邊攢。」又云：「龜有藥，鶴有丹，龜鶴齊壽一千年。」蓋得此真也。

則「𪔀」字的產生，應當是道教徒為傳達其煉丹教理而

自創的文字。類似這種被稱為「太上作」的字，在《四聲篇海》中，屢屢出現，而這些字，在後代的字書中，也經常被視為是異體字來看待，如《字學三正》曰：「佲：興，《老君碑》。」《字彙‧身部》：「躳：與爐同，太上作。」《字彙‧石部》：桱：與煉同，太上作。見《亳州老君碑》」只不過這些字，若翻查《四聲篇海》一書引張道忠的說法，則每個字其實皆另外蘊含了一套道家煉丹養身的理論，因此這些字適不適合當作異體字來看，其實是很有討論空間的。

四、銎儊

明‧章黼《直音篇‧卷七‧雜字部》：「銎儊：西天二字。」為何這兩個字會成為「西」、「天」的異體，據推測應該與《佛說阿彌陀經》所記載的「極樂世界」有所關連。

姚秦鳩摩羅什所譯《佛說阿彌陀經》說：

> 從是西方，過十萬億佛土，有世界名曰極樂，其土有佛，號阿彌陀，今現在說法。……極樂國土，有七寶池，八功德水，充滿其中，池底純以金沙布地。四邊階道，金銀、琉璃、玻璃合成。上有樓閣，亦以金銀、琉璃、玻璃、硨磲、赤珠、瑪瑙而嚴飾之。池中蓮華，大如車輪，青色青光、黃色黃光、赤色赤光、白色白光，微妙香潔。……彼佛國土，常作天樂，黃金為地，晝夜六時，天雨曼陀羅華。」

依經文所述，因為這個佛所在的「極樂世界」，位在西方十萬億佛土之外，所以後世的佛教徒稱它為「西天」。又因為這個「極樂世界」是阿彌陀佛所在的國度，所以佛教徒又

稱他為「佛國」。據此，則後人會組合「佛」、「國」二字成為「儑」，來代替「西天」中的「天」字，似乎是有脈絡可循的。由此也可看出，部分佛教徒想以自己所信仰的宗教傳說，來創造出有別於世俗用字的積極想法。

　　至於以「鎀」來代替「西天」的「西」字，則應該可以從下列兩個角度來推論：一個是與「極樂世界」的環境有關，因為此「極樂國土，有七寶池，……池底純以金沙布地。」且「彼佛國土，……黃金為地。」可見這個阿彌陀佛所在的西方國土，遍地黃金，因此後人就組合「佛」、「金」二字，而成為「鎀」字；另一個原因則應該是受了由中土發展出來的陰陽五行理論所影響，因為在五行理論中「金居西方」，所以「鎀」字從「金」，用以代表「西天」中的「西」。

誰進大觀園？

李栩鈺

嶺東科技大學通識教育中心專任副教授，中央大學中文所博士、清華大學文學所碩士，著有《午夢堂集女性作品研究》、《不離不棄鴛鴦夢─文學女性與女性文學》、《河東君與柳如是別傳》，尚友古今中外才女名姬，以染「紫」生活為樂。

一、由劉姥姥談起

乍看本文題目，很容易衝口而出的答案便是「劉姥姥」。畢竟這是一句耳熟能詳的話，形容那種鄉巴佬進入城裏繁華世界的眼花撩亂，既新奇、又驚喜的體驗。但熟讀《紅樓夢》的讀者都知道，劉姥姥帶給賈府上上下下的鄉野情趣與精神喜悅，恐怕遠超過她最後帶走那一大車的物質。雖說她本來是對賈府的銀兩救援有所求，但配合度極高的她，和王熙鳳、鴛鴦共同演出「鴿子蛋」、「茄鯗」等橋段、逗趣自嘲「老劉，老劉，食量大如牛」，使得大家開懷大笑，曹雪芹也在此展現每位金釵恰如其分的笑姿，姑娘們的笑影倩顏，更永駐讀者腦中。2009年《英國才藝秀》（Britain's Got Talent）節目中有個蘇珊大嬸爆紅，來自鄉下的蘇珊波伊（Susan Boyle）就是一副鄉下裝扮，一頭燙壞的泛白短髮，胖胖的像劉姥姥進大觀園

一般，上了舞台有點手足無措，但說話倒頗有膽識。當評審聽到她是四十七歲而翻起白眼，她大膽回應：「你不知道的可多了！」言畢便插腰擺臀、用力頓頭，姿態俚俗搞笑，但她一開唱《我夢著一個夢》（I dreamed a dream），此名曲來自音樂劇《悲慘世界》，中段「羞辱」（shame）一字需要有五次轉音竄升，越竄越高，而蘇珊大嬸卻戰戰兢兢，以雄厚的丹田唱出，聲勢豪壯感人。蘇珊大嬸若非土貌面世，恐怕也難一鳴驚人，而故意製造反差的製作單位，或許效法的便是曹雪芹的獨到安排！

二、多愁多病的黛玉進府

第三回黛玉因母親林敏逝世而得進入賈府，現實中的「孤女意識」是她生命最深層的悲哀，曹雪芹的筆法卻是借她眼中觀看賈府的排場：

> 近日所見的這幾個三等僕婦，吃穿用度，已是不凡了。何況今至其家。因此步步留心，時時在意，不肯輕易多說一句話，多行一步路，惟恐被人恥笑了他去。

就如〈葬花詞〉名句「一年三百六十日，風刀霜劍嚴相逼」，終其一生，黛玉便不曾離開賈府，最後魂斷瀟湘館，原來，她棄舟登岸，這一路所見所聞，竟成絕響！黛玉進府，是她展開生命中的第一次旅程，也是木石前盟的宿命投奔！但這種「惟恐被人恥笑」的心態一直是巨大的陰影，盤旋不去，儘管她再怎麼「步步留心，時時在意，不肯輕易多說一句話，多行一步路」，還是在後來的晚宴場面上震懾住：

外間伺候之媳婦丫鬟雖多，卻連一聲咳嗽不聞。寂然飯畢，各有丫鬟用小茶盤捧上茶來。當日林如海教女以惜福養身，云飯後務待飯粒咽盡，過一時再吃茶，方不傷脾胃。今黛玉見了這裡許多事情不合家中之式，不得不隨的，少不得一一改過來，因而接了茶。

　　賈府首餐，情妹妹也如後來的村姥姥，驚訝於用膳的靜音場面，而飯畢送茶，有違林家平常教導的養身之道，在「不得不隨」，「少不得一一改過」的狀況下，幸而黛玉不曾冒失就飲，漱口茶與王敦出醜的塞鼻棗，都非為口腹之欲而設。紅樓學者康來新認為：「初來乍到便被茶找碴，也許預告了黛玉體質與習性畢竟不適金玉良緣的榮國府，雖然鳳姐曾打趣，說是連茶都吃了，自是未來的媳婦（二十五回），但茶哭淚還，『心事終虛化』（第三回），黛玉『心思過人』還是不敵命中注定。」（見〈閒情幻──《紅樓夢》的飲食美學〉，收於《趕赴繁花盛放的饗宴──飲食文學國際研討會論文集》，臺北：時報文化，1999年，頁216。）

　　賈母詢問黛玉念了何書，黛玉老實答道：「只剛念了《四書》。」當她好奇追問姊妹們讀何書時，連最「親」的外婆賈母都只淡然說：「讀的是什麼書，不過是認得兩個字，不是睜眼的瞎子罷了！」學了乖的黛玉後來也更小心地回答寶玉的同樣問題：「妹妹可曾讀書？」「不曾讀，只上了一年學，些須認得幾個字。」兩人的猜心活動或許就肇源於外在世界（甚至是身邊人）的爾虞我詐。

　　這不也就是一代名妹柳如是（1618-1664）在寫作《湖上草》、《尺牘》時期呈現的避禍逃難之心態？〈雨中游斷橋〉：「野橋丹閣摠通煙，春氣虛無花影前。北浦問誰芳草後，西泠應有恨情邊。看桃子夜論鸚鵡，折柳孤亭憶杜鵑。神

女生涯倘是夢，何妨風雨焰嬋娟。」對柳如是而言，春天是
「虛無」的，不論文人雅士、王孫公子「看桃」或「折柳」，
都只是「神女生涯」的夢罷了。另外，著名的十首〈西陵〉：
「西泠月焰紫蘭叢，楊柳絲多待好風。小苑有香皆冉冉，新花
無夢不濛濛。金吹油壁朝來見，玉作靈衣夜半逢。一樹紅梨更
惆悵，分明遮向畫樓中。」(之一)「九嶷弱水共沉埋，何必西
泠憶舊懷。玉碗如煙能宛轉，金燈不夜若天涯。山櫻一樹迷仙
井，桃葉千條溯鳳釵。萬古情長松柏下，只愁風雨似秦淮。」
(之三) 女子雖然「楊柳絲多」，滿心盼著「好風」，但又擔心
「風雨似秦淮」。再看〈西湖〉八絕句：(一)垂楊小院繡簾東，
鶯閣殘枝未思逢。大抵西泠寒食路，桃花得氣美人中。(二)年年
紅淚染青溪，春水東風折柳齊。明月乍移新葉冷，啼痕只在子
規西。(三)湘絃瑟瑟瑣青銤，些是香銷風雨寃。無數紅蘭向身
瀉，誰知多折不能回。(四)南屏煙月曉沉沉，細雨嬌鶯淚似深。
猶有溫香雙蛺蝶，飛來紅粉字同心。(五)亞枝初發可憐花，剪剪
青鸞濕路斜。移得傷心上楊柳，西泠杜宇不曾遮。(六)青蕪煙
掠夜涼時，落盡櫻桃暗碧池。恨殺楊花已如淚，春風春夢又相
吹。(七)晴湖新水玉生煙，芳草霏霏食出雁。苦憶青陵舊時鳥，
桃花啼裡不曾還。(八)愁看屬玉弄花磯，紫燕翩翩濕翠衣。寂寞
春風香不起，殘紅應化雨絲飛。雖然「桃花得氣美人中」，是
如此的盛妝麗容，可是年年月月過去，只剩「紅淚染青溪」，
「多折」的花，就算「初發」也是「可憐」，落得「傷心上楊
柳」、「落盡櫻桃暗碧池」，真是「恨殺楊花已如淚」，到了
最後一首的「愁看」，甚至「寂寞春風香不起，殘紅應化雨絲
飛」，更印證了柳如是這個時期的生活困頓。此組作品與《紅
樓夢》第二十七回的〈葬花詞〉意境相似：

花謝花飛花滿天，紅消香斷有誰憐？游絲軟繫飄春榭，
若絮輕沾撲繡簾。

閨中兒女惜春暮，愁緒滿懷無釋處。手把花鋤出繡閨，
忍踏落花來復去。

柳絲榆莢自芳菲，不管桃飄與李飛。桃李明年能再發，
明年閨中知有誰？

三月香巢已壘成，樑間燕子太無情！明年花發雖可啄，
卻不道人去樑空巢也傾。

一年三百六十日，風刀霜劍嚴相逼。明媚鮮妍能幾時？
一朝漂泊難尋見。

花開易見落難尋，階前悶殺葬花人。獨倚花鋤淚暗灑，
灑上空枝見血淚。

杜鵑無語正黃昏，荷鋤歸去掩重門。青燈照壁人初睡，
冷風敲窗被未溫。

怪奴底事倍傷神，半為憐春半惱春：憐春忽至惱忽去，
至又無言去不聞。

昨宵庭外悲歌發，知是花魂與鳥魂？花魂鳥魂總難留，
鳥自無言花自羞。

願奴脅下生雙翼，隨花飛到天盡頭。天盡頭，何處有香
丘？

未若錦囊收艷骨，一坏淨土掩風流。質本潔來還潔去，
強於污淖陷渠溝。

爾今死去儂收葬，未卜儂身何日喪？儂今葬花人笑痴，
他年葬儂知是誰？

試看春殘花漸落，便是紅顏老死時。一朝春盡紅顏老，
花落人亡兩不知！

尤其在《尺牘》中，更是句句帶病：二扇草上，病中不工。書不述懷，臨風悵結。(十一通)、奈近羸薪憂，褰涉為憚，稍自挺動，必不忍塞傴，以自外於霞客也。(十三通)、襼襪宴坐，愈深賞音之懷，況矣先生之高徹，人倫水鑑，歲寒三過，何只訪戴雪舟，可一日而不對冰壺、聆玉屑耶？昨以小痰，有虛雅尋。快快之餘，兼之惡悚。(第十四通)、不意元旦嘔血，遂耳岑岑。至今寒熱日數十次，醫者亦云，較舊沉重，恐瀕死者無幾，只增傷悼耳。所剩溫慰過情，郵筒兩寄，銘刻之私，非言所申。嗟乎！知己知遇，古人所難。自愧渺末，何以當此？倘芝眉得見，愁苦相勞，復合恨耶？荒迷之至，不知倫次。(第十八通)、棲飲之暇，樂聞勝流。顧嵇公懶甚，無意一識南金。奈何！柴車過禾，夕遲之，伏枕荒謬，殊無詮次。(第廿五通)、得讀手札，便同阿門國再見矣。但江令愁賦，與弟感懷之語，大都若天涯芳艸，何繇與巴山之雨，一時傾倒也。許長史《真誥》，亦止在先生數語間耳。望之！餘扼腕之事，病極不能多述也。(第廿七通)、不意甫入山後，纏綿夙疾，委頓至今。近聞先生已歸，幸即垂視，山中最為麗矚，除藥爐禪榻之外，即松風桂渚。(第廿八通)、弟抱痾禾城，已纏月紀。及歸山閣，幾至彌留。(第廿九通)

柳如是體弱多病，在第一本作品《戊寅草》〈訴衷情近・添病〉已言：

> 幾番春信，遮得香魂無影，銜來好夢難憑，碎處輕紅成陣。任教日暮還添，相思近了，莫被花吹醒。雨絲零，又早明簾人靜。輕輕分付，多簡未曾經。畫樓心，東風去也，無奈受他，一宵恩幸，愁甚病兒真。

此詞名為「添病」。所謂「添病」語涉雙關，不僅柳如

是與陳子龍均染小恙，更有所指，即「添」相思之「病」也。陳子龍〈戊寅七夕病中〉詩中有云「不堪同病夜，苦憶共秋河」，對柳如是的眷戀之情溢於言表。柳如是同樣靈犀不變，真情不死，發而為詞，通篇言情，追憶南園同居生活，究竟是誰「銜來好夢」？正是愛情之神。然而好夢難憑，如春天繽紛的花朵「輕紅成陣」。如果因為真愛而病，那就再添一些「病」吧，只是別讓吹來的花瓣把我叫醒。下半轉入早晨醒來對昨晚愛情的回味。窗外雨絲飄零，屋內帘明人靜。憶起昨夜情，已成為「曾經」，柳如是「輕輕吩咐」自己：當愛情被外力摧殘，姻緣離變，就當什麼也未發生。追懷往昔，「一宵恩幸」，留下的離愁和心病，卻是真切而綿綿無期。柳如是與陳子龍同病相憐，在詞中宣其心聲，柔情萬千，委婉纏綿之情宛然若見。

自崇禎十四年正月二日至上元，柳、錢二人同遊拂水山莊，又偕往蘇州。但半月間竟無唱和之作，到元夕纔有詩。陳寅恪據錢牧齋之詩認為：「則河東君之離常熟，亦是扶病而行者。」隨即又云：

> 今日思之，抑可傷矣。清代曹雪芹糅和王實甫「多愁多病身」及「傾國傾城貌」，形容張崔兩方之辭，成為一理想中之林黛玉。殊不知雍乾百年之前，吳越一隅之地，實有將此理想而具體化之河東君。(《柳如是別傳》，頁583)

此「理想中之林黛玉」或被指糅和自紅顏薄命的馮小青、葉小鸞，文學家多「實者虛之」，史學家多「虛者實之」，陳寅恪深知箇中三昧，打通文史隔膜，援詩證史，引史入詩，出入文史之間，揮灑自如。但他更感慨的是柳如是竟然：

真如湯玉茗所寫柳春卿夢中之美人，杜麗娘夢中之書
生。後來果成為南安道院之小姐，廣州學宮之秀才。中
國老聃所謂「虛者實之」者，可與希臘柏拉圖意識型態
之學說，互相證發，豈不異哉！(《柳如是別傳》，頁
583)

三、從柏楊《皇后之死》看元妃省親

《紅樓夢》十八回敘述元春回娘家省親，賈府園內帳舞蟠
龍，簾飛繡鳳，金銀煥彩，珠寶生輝，在曹雪芹的筆下：

> 香煙繚繞，花影繽紛，處處燈光相映，時時細樂聲喧；
> 說不盡這太平景象，富貴風流。

然而，這真的是「太平景象」嗎？三獻茶水之後，賈妃
垂淚，見了母親王夫人、奶奶賈母，三人滿心皆有許多話，但
說不出，只是嗚咽對泣而已。邢夫人、李紈、王熙鳳、迎春、
探春、惜春等，俱在旁垂淚無言。半日，賈妃方忍悲強笑，安
慰道：「當日既送我到那不得見人的去處，好容易今日回家，
娘兒們這時不說不笑，反倒哭個不了，一回我去了，又不知多
早晚才能一見！」說到這句，不免又哽咽起來……又不免哭泣
一番……嘆道：「許多親眷，可惜不能見面！」這段文章的熱
鬧表面在「天倫樂」，卻渲染出更深層的感傷氣氛，皇妃的榮
耀，在繁華外衣裏包裹著無限辛酸。而身為女兒，元春對父親
垂淚控訴的是：「田舍之家，雖虀鹽布帛，終能聚天倫之樂，
今雖富貴已極，骨肉各方，然終無意趣！」按照人權學者柏楊
的說法是：

中國宮廷，像一個有活瓣的漏斗，被送進去的漂亮老
奶，不管她是皇后也好，姬妾也好，宮女也好，再也不
能離開那個魔窟。（《長髮披面》，頁73）

柏楊認為宮廷等同魔窟，更等同妓院：

我們所稱的「后妃姬妾」，是非官方的籠統說法，在宮
廷之中，所有的女人──除了女兒和娘，在理論上或事
實上，都是帝王一人的老婆。說是「老婆」，未免有
點學院派，事實上她們都是帝王一個人專用的妓女。
（《皇后之死·引言》）

這其實和明代思想家黃宗羲提到的君主是「離散天下之子
女，以奉我一人之淫樂」（《明夷待訪錄·原君》）的思想，
具有共通性。甚至以《漢雜事秘辛》描寫梁瑩這位妙齡皇后的
美麗胴體後，更鮮明指出：

她像娼妓一樣，赤裸裸的躺在那裏，恁憑主顧或嫖客，
東摸西捏，甚至直抵　蔽深處。這給我們一個啟示，中
國歷史上，女人不是人，皇帝老爺更不把女人當人，女
人只是玩物，只是專供臭男人發洩淫慾的工具。此所以
老奶即令爬到皇后的高位，也隨時會被踢下來，或囚或
殺。（《長髮披面》，頁114）

柏楊念茲在茲的是后妃「沒有人權，同時也沒有人格。」
她們必須更上一層樓，爬到皇太后的寶座，手裏還得掌握著兒
皇帝這個魔杖，才能真正的維持自尊。尤其在宮中：

她們不是漂亮和不漂亮的差別，而是漂亮和更漂亮的差別，每一位如花似玉的對手都是另一位如花似玉。皇宮之中沒有醜的，只有更美的。（《長髮披面》，頁82）

　　可說是一針見血道出了女子進宮的真實面貌，美麗是絕對的要項，但能否得寵卻非必然。任何一個女孩，或如元春，被大官巨賈的父母主動獻進，或貧窮賣身，或因犯罪被沒入皇宮，她們出身有別，素養各異，一旦進入宮廷，表面金碧輝煌，事實上卻是最黑暗的人間地獄，為了求生存而拚命掙扎奮鬥，爭寵奪幸，勾心鬥角，前途未卜。

　　十七回與十八回是賈府最榮華富貴之時，因為「硃批準奏，次年正月十五上元之日，恩准賈妃省親。賈府領了此恩旨，益發晝夜不閒」、「展眼元宵在邇，自正月初八日，就有太監出來先看方向：何處更衣，何處燕坐，何處受禮，何處開宴，何處退息。又有巡察地方總理關防太監等，帶了許多小太監出來，各處關防，擋圍幕，指示賈宅人員何處退，何處跪，何處進膳，何處啟事」，這座專為元春省親而建造的園林豪宅，卻讓她「回想當初在大荒山中，青埂峰下，那等淒涼寂寞，若不虧癩僧、跛道二人攜來到此，又安能得見這般世面。」有同樣「前世今生」之感的是在十七回被迫遊園試才的寶玉，姊弟同心至此地步！原來寶玉是元春從小帶大的，教其讀書識字，其名分雖為姊弟，其情狀有如母子。元春自入宮後，時時帶信出來關心這弟弟，眷念切愛之心，刻未能忘。尤其值得注意的是進宮後的她並未生育，這份骨肉親情更是彌足珍貴。拜見長輩、女眷後，她最關心的是為何不見寶玉？賈母回答：「無諭，外男不敢擅入。」元春忙命快引進來。小太監出去引寶玉進來，先行國禮畢，元春這時「命他進前，攜手攔於懷內，又撫其頭頸笑道：『比先竟長了好些……』一語未

終，淚如雨下。」多麼典型的慈母之懷！

　　這趟返家歸寧，賈妃在轎內看此園內外如此豪華，也只能默默歎息奢華過費，把石牌坊上明顯「天仙寶境」四字，換成「省親別墅」，臨前走特別吩咐「倘明歲天恩仍許歸省，萬不可如此奢華靡費了！」園中所有亭台軒館，賈政特意指派寶玉題詩以討元春歡心。果然她聽到弟弟有此才能，含笑說：「果進益了。」因著王妃姊姊的寵愛疼惜、也因著元春的惜物，親手帶大的寶玉得以和同姊妹們一同搬進園裏，原應歎息的女性命運，也在此演繹出一齣齣的新戲！

稿約暨徵稿格式

1. **題目**：16級標楷體，往左對齊；**作者姓名**：12級標楷體，往右對齊。
   （小叮嚀：**為顧及排版美觀，請控制在一行內完成「題目與作者姓名」，建議：題目不要訂太長**）
   作者簡介：100字，12級標楷體（現職、學經歷、研究專長、任教科目、興趣、著作……等）。

2. **內文**：自行繕打，word檔2000~2500字，**細明體12級**（含圖）4頁，標點符號全形、英文字母與數字請用半形。

3. **章節符號**：請用14級標楷體，各章節使用符號，依一、（一）、1、（1）……等順序表示。

4. 散文、議論文……皆可，本書定位為「人文素養」、「美學」、「藝術」、「旅遊」、「文學」、「財經」、「管理」、「科技」、「新知」等。

5. 不需要**摘要、關鍵詞、註釋**（請改以內文括號說明），**參考文獻**可擺文末。

6. 投稿者需簽署「授權書」及新台幣500元審稿排版費，凡獲本社編輯委員會審查通過並刊登者，將致贈本書3本，不另支稿酬。

7. 來稿請寄hsuyu119@gmail.com，Y紫手機0919-028032。

國家圖書館出版品預行編目

2010春·百家講藝/李栩鈺, 林宗毅主編. --
一版. -- [臺中市]：翔思游藝社, 2010.03
　　　面；　公分
BOD版
ISBN 978-986-86079-1-0（平裝）

1. 言論集

078　　　　　　　　　　　　　　99003917

ZH0006

2010春·百家講藝

出　版　者/翔思游藝社
主　編　者/李栩鈺、林宗毅
執 行 編 輯/林世玲
校　對　者/作者自校、李栩鈺
圖 文 排 版/鄭維心
封 面 設 計/陳佩蓉
數 位 轉 譯/徐真玉　沈裕閔
圖 書 銷 售/林怡君
法 律 顧 問/毛國樑　律師
印 製 經 銷/秀威資訊科技股份有限公司
　　　　　　台北市內湖區瑞光路583巷25號1樓
　　　　　　電話：02-2657-9211　　傳真：02-2657-9106
　　　　　　E mail：service@showwe.com.tw

2010 年 3 月　BOD 一版
定價：250 元

讀　者　回　函　卡

感謝您購買本書，為提升服務品質，煩請填寫以下問卷，收到您的寶貴意見後，我們會仔細收藏記錄並回贈紀念品，謝謝！

1.您購買的書名：＿＿＿＿＿＿＿＿＿＿＿＿＿＿＿＿＿＿

2.您從何得知本書的消息？

　　□網路書店　　□部落格　　□資料庫搜尋　　□書訊　　□電子報　　□書店

　　□平面媒體　　□ 朋友推薦　　□網站推薦　□其他＿＿＿＿＿＿

3.您對本書的評價：(請填代號　1.非常滿意 2.滿意 3.尚可 4.再改進)

　　封面設計＿＿＿　版面編排＿＿＿　內容＿＿＿　文/譯筆＿＿＿　價格＿＿＿

4.讀完書後您覺得：

　　□很有收獲　　□有收獲　　□收獲不多　　□沒收獲

5.您會推薦本書給朋友嗎？

　　□會　　□不會，為什麼？＿＿＿＿＿＿＿＿＿＿＿＿＿＿＿＿

6.其他寶貴的意見：＿＿＿＿＿＿＿＿＿＿＿＿＿＿＿＿＿＿

　　＿＿＿＿＿＿＿＿＿＿＿＿＿＿＿＿＿＿＿＿＿＿＿＿＿

　　＿＿＿＿＿＿＿＿＿＿＿＿＿＿＿＿＿＿＿＿＿＿＿＿＿

　　＿＿＿＿＿＿＿＿＿＿＿＿＿＿＿＿＿＿＿＿＿＿＿＿＿

讀者基本資料

姓名：＿＿＿＿＿＿＿＿＿＿　年齡：＿＿＿＿　性別：□女 □男

聯絡電話：＿＿＿＿＿＿＿＿　E-mail：＿＿＿＿＿＿＿＿＿＿

地址：＿＿＿＿＿＿＿＿＿＿＿＿＿＿＿＿＿＿＿＿＿＿＿＿

學歷：□高中(含)以下　　□高中　　□專科學校　　□大學

　　　□研究所(含)以上　□其他＿＿＿＿＿＿＿＿

職業：□製造業 □金融業 □資訊業 □軍警 □傳播業 □自由業

　　　□服務業 □公務員 □教職　　□學生 □其他＿＿＿＿＿＿

To：114

　台北市內湖區瑞光路 583 巷 25 號 1 樓

　秀威資訊科技股份有限公司　　　收

寄件人姓名：

寄件人地址：□□□

（請沿線對摺寄回,謝謝!）

秀威與 BOD

BOD（Books On Demand）是數位出版的大趨勢，秀威資訊率先運用 POD 數位印刷設備來生產書籍，並提供作者全程數位出版服務，致使書籍產銷零庫存，知識傳承不絕版，目前已開闢以下書系：

一、BOD 學術著作—專業論述的閱讀延伸
二、BOD 個人著作—分享生命的心路歷程
三、BOD 旅遊著作—個人深度旅遊文學創作
四、BOD 大陸學者—大陸專業學者學術出版
五、POD 獨家經銷—數位產製的代發行書籍

BOD 秀威網路書店：www.showwe.com.tw
政府出版品網路書店：www.govbooks.com.tw

　　永不絕版的故事・自己寫・永不休止的音符・自己唱